JUM 성경읽기표와 함께 하는

일독큐티

차 례

지 마시든지 · 성령의 은사 · 신령한 은사의 목적 · 용서와 사랑 · 만지지도 말라 · 남지도 모자라지도 않는 은혜 · 사도의 증거 · 그리스도로 옷 입으리라 · 유업을 이을 자 · 말씀의 비밀 · 영적 전신 갑주 · 그리스도의 심장 · 감사하는 자가 되라

12월 약속 promise 데살로니가전서 1장 – 요한계시록 22장 • 145

묵숨도 아끼지 않는 사랑 · 빛의 자녀로 살라 · 온전한 가르침 · 하나님이 원하시는 일 · 믿음의 선한 싸움 · 예수의 좋은 군사 · 말과 신앙의 일치 · 갇힌 중에 낳은 아들 · 하나님을 시험하지 말라 · 고난으로 순종함을 배우라 · 보혈의 능력 · 믿음은 바라는 것들의 실상이다 · 시험을 이기려거든 · 선생이 많이 되지 말라 · 주의 말씀은 세세토록 있도다 · 고난의 영광 · 신의 성품 · 세상은 지나가고 하나님은 영원하다 · 하나님은 사랑이시라 · 삶으로 쓰는 편지 · 네 영혼이 잘됨같이 · 홀로 하나이신 하나님 · 하나님의 교회 빌라델비아 · 기도의 향기 · 구별하여 부르신 백성 · 하늘의 전쟁 · 이마에 새겨진 이름 · 진노의 일곱 대접 · 붉은 짐승을 탄 여인의 멸망 · 마지막 심판 · 오직 하나님께 경배하라

서문

신앙생활을 십 년을 해도 성경을 한 번도 전체적으로 읽지 못한 경우가 많습니다. 교회의 새벽 예배와 주일 예배 그리고 성경 공부가 뒷받침되지 않으면 성경 일독은 바쁜 현대 사회의 구조 속에서는 실천하기 어려운 일입니다. 목회자라 할지라도 자신에게 익숙한 본문을 중심으로 설교하다 보면 성도들에게는 말씀을 읽으라고 권하지만 정작 자신은 일에 치우치는 경우도 있습니다. 그렇게 우리는 구조적으로 바쁘게 돌아가는 현실에서 변명거리를 찾게 됩니다.

그러나 사도들이 결단하고 말씀에 매진하는 구조로 교회를 바꾼 것처럼 신앙생활에도 변화가 필요합니다. 그것이 바로 〈일독 큐티〉와 JUM 성경읽기표입니다. 이것을 이용하면 교회의 일 년 행정과 말씀 준비가 굉장히 수월해집니다. 무엇보다도 성경을 편식 없이 전체적으로 모두 읽고 나누게 됩니다. 〈일독 큐티〉는 JUM 성경읽기표를 통하여 교회의 영적 성장과 행정의 단순화를 이루기 위하여 오랜 현장 연구와 적용을 통하여 탄생하였습니다. 〈일독 큐티〉는 말씀을 읽고 깨닫고 행하는 것이 신앙의 중심이 되도록 성도님들을 돕기 위한 교회의 노력입니다.

〈일독 큐티〉는 JUM 성경읽기표의 날짜별 말씀 중에서 그날의 본문을 정하고 나눌 수 있도록 구성되어 있습니다. 주일 예배와 새벽 예배에 동일하게 적용하고 절기에도 활용할 수 있습니다. 특히 주일 말씀은 성경 공부에 쓰기 가장 좋은 교재입니다. 왜냐면 이미 한 번 목사님을 통해 말씀을 들었기 때문에 나눔에 시간을 더 할애하고 깊이 새길 수 있기 때문입니다.

누구나 표 안에서 본문을 선택하고 구성하여 창의적으로 만들 수도 있습니다. 표에 나와 있는 말씀의 순서대로 교회의 모든 새벽 예배와 주일 예배 그리고 성경 공부가 일관성 있게 진행됩니다. 그래서 표대로 꾸준히 읽으면 성경을 일 년에 일독할 수 있도록 구성되어 있습니다. 그리고 1월 1일에 창세기를 시작으로 12월 31일 요한계시록으로 마치고 다시 돌아가기 때문에 매년 더 깊어지는 교회의 영성과 말씀의 깊이를 체험하게 됩니다. 이것은 이미 6년 동안 검증되었습니다.

믿음을 지키고 신앙의 위기에서 빠져나올 때도 말씀 외에는 방법이 없습니다. 말씀을 읽고 믿음에 서 있는 성도들이 신앙을 지키고 교회를 지키고 가정을 지킵니다. 교회에 위기가 왔을 때 JUM 성경읽기표와 일독 큐티를 통하여 말씀으로 승리하여 끝까지 교회를 지키시는 모습을 보았습니다. 말씀이 회복되야 기도가 회복되고 영적인 성숙이 일어납니다. 문제없는 교회나 인생은 없지만 그것을 이겨내는 길은 말씀 속에 있습니다. 이 책이 조금이나마 그 길에 도움이 되시기를 간절히 바랍니다.

저자 문정웅

감사의 글

먼저 이 책이 있도록 쓰시고 인도하신 오직 하나님만이 영광 받으시기를 소원합니다. 하나님이 주신 마음으로 어려움 속에서도 꿋꿋이 함께해 준 고수현 사모와 사랑하는 딸 예주, 예나에게 감사와 사랑의 마음을 전합니다.

특히 한순간도 빠짐없이 기도와 사랑으로 키워 주시고 희생해 주신 나의 사랑하는 아버지 문수근 목사님과 어머니 전순희 사모님께 존경과 사랑의 말씀을 드립니다. 그리고 때마다 격려와 사랑으로 목회에 돌봐주신 아버지 고진곤 장로님과 어머니 김명희 권사님께 진심으로 감사드립니다.

나에게 평생 친구이자 동료이자 내 몸 같은 동생 문영재 목사님과 고은미 사모와 우리 사랑하는 예목이, 예형이에게도 사랑의 마음을 전합니다. 그리고 고석붕 집사와 윤세라 집사 그리고 찬영이, 예영이에게도 사랑의 마음을 전합니다.

특별히 이 책이 있기까지 기다려 주시고 믿음으로 함께해 주신 박종태 장로님의 수고가 있었기에 이렇게 〈문정웅 목사의 일독 큐티〉가 한 교회가 아닌 많은 교회들을 섬기는 도구가 될 수 있었습니다. 진심으로 존경과 감사의 마음을 드립니다. 더불어 아름다운 디자인으로 옷을 입혀 주신 강인구 실장님께도 감사의 마음을 드립니다.

이 책은 혼자만의 힘으로 나오지 않았습니다. 말씀의 가지를 가지런히 정리해 준 김요한 전도사의 동역이 너무나 큰 힘이 되었습니다.

그리고 묵묵히 기도로 함께해 주신 새벽 예배자 성도님의 사랑과 정성이 많은 힘이 되었습니다. 특히 모든 내용을 함께 구성해 준 문수근 목사님과 문영재 목사님의 함께한 수고가 이렇게 탄생한 원동력이 되었습니다. 믿고 끝까지 함께해 주신 분들께 감사의 말씀을 드립니다. 그리고 앞으로도 계속해서 나오게 될 모든 일독 큐티를 통해 하나님과 함께하신 모든 독자님들께 감사의 마음을 드립니다.

저자 문정웅

10월

성숙

mature

마태복음 1장 - 요한복음 21장

JUM 성경읽기표

· 10월 ·

1	마태복음 1-2장	
2	마태복음 3-4장	
3	마태복음 5-7장	
4	마태복음 8-10장	
5	마태복음 11-13장	
6	마태복음 14-17장	
7	마태복음 18-21장	
8	마태복음 22-24장	
9	마태복음 25-26장	
10	마태복음 27-28장	
11	마가복음 1-3장	
12	마가복음 4-6장	
13	마가복음 7-9장	
14	마가복음 10-12장	
15	마가복음 13-16장	
16	누가복음 1-3장	
17	누가복음 4-6장	
18	누가복음 7-9장	
19	누가복음 10-12장	
20	누가복음 13-15장	
21	누가복음 16-18장	
22	누가복음 19-21장	
23	누가복음 22-24장	
24	요한복음 1-3장	
25	요한복음 4-6장	
26	요한복음 7-9장	
27	요한복음 10-12장	
28	요한복음 13-15장	
29	요한복음 16-17장	
30	요한복음 18-19장	
31	요한복음 20-21장	

10월

1 모든 의를 이루시는 예수님

일독 성경 마태복음 3장 1–17절(마태복음 1–2장 中)

말씀의 씨앗

씨앗말씀 · 오늘 내게 심어진 한 절 말씀

이사야의 예언대로 광야에 외치는 자의 소리가 있어 메시아의 길을 예비하는 사람이 있으니, 바로 세례 요한입니다. 그는 회개하라 천국이 가까웠느니라고 외치며 순종하였습니다. 바리새인과 사두개인도 참여하려고 올 때에 그들이 모양은 있되 속에 믿음이 없음을 보고, "독사의 자식들아"라고 외치며 허식이 아닌 진정한 믿음을 요구합니다. 그러나 그들은 끝내 예수님이 오신 것을 인정하지 못하였습니다. 좋은 열매를 맺지 못하면 잘려져 나가는 나무와 같이 세상 속에서 사람의 칭찬이 아닌 주인의 인정을 받는 것이 중요합니다. 우리의 주인 되시고 주관자 되신 하나님 앞에 순종하는 것이 마땅합니다.

예수님은 세례 요한에게 세례를 받으시기 위하여 가셨습니다. 그때 세례 요한은 "오히려 당신에게 제가 불과 성령으로 세례를 받아야 하지 않습니까?" 그때 예수님께서 말씀하십니다. "아니다. 이것이 하나님의 의를 이루는 것이다."
이에 세례 요한이 순종하며 세례를 베풀 때 성령이 비둘기같이 임하고 성부 하나님의 음성이 들려 "이는 내 사랑하는 아들이요 기뻐하는 자라"라고 말씀하십니다.
예수님께서 먼저 순종의 모습을 보여 주셨습니다. 하나님의 약속대로 행하셨습니다. 우리가 예수 그리스도를 닮는 삶으로 승리하는 것은 말씀대로 순종하는 것 외에는 없습니다. 예수님이 보여 주신 대로 승리하는 삶이 되기를 소망합니다.

말씀의 가지

예수님이 하나님의 아들이라고 시작하는 것이 아니라 "인간의 아들이다"라고 말한다. 우리 조상 대대로 태어났던 우리 가문의 사람이라는 것을 설명하는 것이다. 마태복음 1장에 보면 아브라함에서 다윗까지 14대요, 다윗에서 바벨론 이주까지 14대요, 바벨론으로 이주한 후부터 예수 그리스도까지가 14대이다. 누가복음에는 예수님의 족보가 아담까지 올라간다. 그리고 아담 위에 하나님이 계신다. 요한복음에는 창조 전에 족보가 있었다고 한다. 예수님의 족보는 세상이 시작되기 전에 있었다는 것이다. 다윗의 혈통에서 나셨다는 것에는 또 한 가지의 중요한 이유가 있다. "네 집과 네 나라가 네 앞에서 영원히 보전되고 네 위가 영원히 견고하리라 하셨다 하라(삼하 7:16)." "찬송하리로다. 오는 우리 조상 다윗의 나라여 가장 높은 곳에서 호산나 하더라(막 11:10)." 다윗의 혈통에서 메시아가 나온다는 것이다. 이 말씀을 믿고 존재하는 나라가 이스라엘이다.

(하용조, 로마서의 축복(두란노 2002), p.24)

말씀의 꽃 · 나만의 일독 큐티

말씀의 열매 · 기도 제목

10월

2 광야의 시험

일독 성경 마태복음 4장 1-11절(마태복음 3-4장 中)

말씀의 씨앗

씨앗말씀 · 오늘 내게 심어진 한 절 말씀

예수님께서 성령에 이끌리어 광야로 가십니다. 그리고 그곳에서 40일간 금식하시고 마귀에게 시험을 당하십니다. 기도는 내 의가 아닙니다. 성령께서 이끄시는 대로 할 때에 육신의 연약함과 사탄의 권세를 이길 수 있습니다. 예수님은 성령께서 이끄심에 순종하였기 때문에 시험을 받을 것을 알고 행하셨습니다.

첫 번째 시험은 돌이 떡이 되게 만들라는 것이었습니다. 지금 예수님에게 가장 필요한 건 음식입니다. 육신을 입으셨기에 주리셨습니다. 그러나 예수님은 말씀하십니다. "사람이 떡으로만 살 것이 아니라 하나님의 말씀으로 산다." 떡이 필요없다는 게 아닙니다. 사탄이 주는 당장의 필요보다 중요한 건 말씀대로 살아가는 믿음이라는 뜻입니다. 사탄이 다시 시험합니다. "네가 메시아라면 하나님의 보호하심을 보여라. 네가 산에서 떨어져도 네 발이 땅에 닿기 전에 천사가 보호하지 않겠느냐?" 이에 예수님께서 말씀하십니다. "하나님을 시험치 말라." 당연히 보호하시나 일부러 위험을 만들어 하나님을 시험하는 것은 하나님을 만홀히 여기는 것입니다. 마지막으로 "내게 경배하면 천하 만국을 주겠다"고 시험합니다. 사탄은 세상의 것을 움직일 수 있는 힘이 있습니다. 그러나 그것은 자신의 것이 아니라 허락받은 것입니다. 모든 것의 주인되시고 주관자되신 분은 오직 하나님이십니다. 예수님은 말씀하십니다. "주 너의 하나님만을 경배하라."

물질이 사람을 움직입니다. 명예가 사람을 움직입니다. 조건과 환경이 사람을 움직입니다. 그러나 그보다 나를 움직이는 것은 무엇인지 살펴보아야 합니다. 나도 세상의 조건에 움직이는가, 아니면 믿음을 가지고 살아가는가? 세상의 무엇도 하나님을 넘어서는 것은 없습니다. 더 많이 소유하고 더 많이 인정받으면 받을수록 믿음의 사람은 더욱 경외함으로 하나님 앞에 엎드리게 됩니다. 모든 시험을 이기자 마귀가 물러가고 천사가 수종을 듭니다. 믿음의 성도는 모든 마귀를 물리치고 하나님의 보호하심으로 살아갑니다. 날마다 시험을 이기고 승리의 삶이 되기를 소망합니다.

말씀의 가지

예수님의 탄생을 축하하기 위해 팔레스타인 동쪽에서부터 온 이방 출신 현인, 혹은 별을 연구하는 점성가(마 2:1,2,7,9,10). 여기서 '동방'은 바벨론이나 바사 혹은 아라비아로 추정되고 있다. 그 지역들은 별을 연구하는 천문학, 점성술이 특히 발달된 곳이었다. 그래서 당시 사람들은 동방을 신비로운 곳으로 생각하는 자들이 많았다. 이렇게 볼 때 동방 박사들 역시 점성술이나 점, 해몽 등에 능한 자들이었을 것으로 여겨진다. 한편, 예수님을 찾아온 동방 박사들의 숫자에 대해 성경은 구체적으로 언급하지는 않으나 이들이 가져온 선물이 세 가지인 것으로 볼 때 세 사람이었던 것으로 추정된다.

(라이프 성경사전(생명의말씀사 2006), 마태복음)

말씀의 꽃 · 나만의 일독 큐티

말씀의 열매 · 기도 제목

10월

3

왼손이 모르게 하라

일독 성경 마태복음 6장 1-8절(마태복음 5-7장 中)

말씀의 씨앗

씨앗말씀 · 오늘 내게 심어진 한 절 말씀

예수님께서 말씀하십니다. "사람에게 보이려고 의를 행하지 않도록 주의해라. 사람이 보고서 칭찬하는 사람은 이미 그 상급을 받은 것이다." 당장에 기분이 좋고 인정받을 수는 있지만 정작 우리가 쌓아야 할 것은 하늘의 상급입니다. 아무도 모르는 것 같지만 하나님은 알고 계십니다. 외식하며 나팔을 불면서 구제를 하는 것은 사람을 의식하고 보이기 위한 것입니다. 그러나 은밀하게 행하는 것은 하나님을 신뢰하는 사람만이 할 수 있습니다. 이 땅에서 인정받지 못한다 할지라도 하나님이 인정해 주시는 것을 기뻐합니다. 그리고 은밀한 중에 행하는 것을 은밀한 중에 갚으신다고 약속해 주셨습니다. 기도도 마찬가지입니다. 사람에게 보이려고 외식하며 기도하는 것을 하나님은 원치 않으십니다. 오직 중심을 드려 하나님만을 바라보며 기도할 때에 그것이 능력이고 그것이 은혜입니다. 그래서 기도할 때에 골방에 들어가서 하나님께만 기도하라고 말씀하십니다. 은밀한 중에 드리는 모든 기도를 은밀한 중에 갚아 주십니다. 중언부언하지 말고 마음의 모든 것을 하나님께 말씀드리면 하나님은 이미 알고 계시고 마음의 소원을 이루어주십니다. 우리의 필요가 무엇인지 소망이 무엇인지 다 알고 계십니다.

우리에게 필요한 것은 믿음입니다. 하나님이 반드시 나를 선한 길로 인도하신다는 확신입니다. 그래서 포기하지도 실망하지도 않고 이 믿음의 경주를 끝까지 마치는 것입니다. 매일의 삶이 하나님을 향한 믿음의 고백이 되기를 소망합니다.

말씀의 가지

예수님은 세상의 소금이셨다. 예수님은 산상수훈(마태복음 5장-7장)과 더불어 마가복음 9장을 통해 소금에 대한 은유를 아주 강력하게 사용하셨다. 오늘날의 리더들은 어떤 종류의 기업에 있든, 이 교훈을 자신의 것으로 만들어야 한다. 당시에 소금은 하나님의 성실성을 표상했다. 소금은 이스라엘 민족에게 하나님이 그들에게 얼마나 성실했는지, 또 하나님이 어떻게 약속을 지키셨는지를 상기시켜 주었다. 오늘날 리더들은 자신을 따르라고 요구했던 사람들에게 충실해야 하고, 사명에 헌신해야 하며, 신앙심 깊은 리더의 표준이 되어야 한다.

(Bob Briner, 예수님처럼 하라(비지니스북스 2008), p.258)

말씀의 꽃 · 나만의 일독 큐티

말씀의 열매 · 기도 제목

10월

4 의사는 병든 자에게 쓸 데 있다

일독 성경 마태복음 9장 9-13절(마태복음 8-10장 中)

말씀의 씨앗

씨앗말씀 · 오늘 내게 심어진 한 절 말씀

예수님께서 마태를 제자로 부르십니다. 마태는 세리였습니다. 당시 유대인들이 가장 싫어하고 혐오하는 사람입니다. 불의를 통하여 재산을 모으고 자신들을 괴롭게 했기 때문입니다. 그런 마태를 부르셨습니다. 나를 따르라는 말씀에 마태는 일어나 좇았습니다. 예수님의 제자가 된다는 것은, 자리에서 일어나 순종하는 것입니다. 나의 기준과 경험과 능력이 아닌 하나님의 음성을 들어야 합니다. 그리고 바꾸어야 합니다. 일어나야 합니다. 그리고 따라야 합니다. 삶의 모습이 변하지 않고는 제자가 될 수 없습니다. 예수님은 마태의 집에 들어가 식사를 하셨습니다. 그때 많은 세리들과 죄인들이 동참하였습니다. 바리새인들은 이 모습을 보며 예수님을 비난했습니다. 어찌 메시아라는 분이 죄인들과 함께 있기를 서슴치 않는가? 예수님께서 들으시고 대답하십니다. "건강한 사람에게 의사는 쓸데없고 병든 자에게 쓸데가 있느니라."

병들었는지도 알지 못하는 세상에 진정한 회복의 치료는 오직 예수 그리스도이십니다. "나는 의인을 부르러 온 것이 아니라 죄인을 부르러 왔노라."우리가 스스로 의인이 될 수 있다면 예수님께서 오실 이유가 없었습니다. 그러나 우리의 연약함을 긍휼히 여기시고 하나님께서 직접 육신을 입고 오셨습니다. 성도는 예수님의 부름을 받은 죄인입니다. 우리의 모든 죄를 예수님의 십자가 보혈로 씻어 주시고 부활의 승리에 동참할 수 있도록 허락해 주셨습니다. 예수님의 이름만이 생명이요 구원이요 능력입니다. 이제 우리가 할 일은 예수님을 본받아 긍휼의 마음으로 세상을 보는 것입니다. 그리고 죽어 가는 영혼에게 복음의 능력을 전하는 것입니다. 평생 사명 감당하는 삶이 되기를 소망합니다.

말씀의 가지

한센병 [Leprosy, 나병]

레프로시병은 나병이라고도 하는 전염병이다. 하지만 나병이나 문둥병이라는 말은 레프로시인들이 싫어하므로, 레프로시병으로 부르는 게 예의이다. 원인균인 나균에 의하여 피부와 말초신경을 주로 침해하는 만성전염성 면역 질환이다. 전염병이라는 사실, 신체가 흉한 모습으로 변형되는 후유증, 치료제 개발 이전 불치병으로 인식되었던 과거 상황이 맞물려 대중들이 거부감을 갖는 것이 일반적이지만, 실제 레프로시병의 전염 가능성은 거의 없다고 보는 것이 옳다. 치료를 받지 않는 심각한 상태의 환자와 긴밀한 접촉을 할 경우에나 전염이 되는 것이다. 또한 약물 치료를 통해 완치가 가능하며, 특히 한국에서는 진단과 치료 등 전 과정의 비용을 국가가 부담하므로 레프로시병은 더 이상 무서운 병이 아닌 것으로 인식해도 무방하다.

(위키백과 https://ko.wikipedia.org/w/index.php?title=한센병&redirect=no)

말씀의 꽃 · 나만의 일독 큐티

더 생각해 보기

1. 세관에 앉아 있던 세리는 요즘 시대에 어떤 사람들일까?(9절)
2. 우리는 다른 이를 정죄할 수 있는가?(10–11절)
3. 나는 건강한 사람인가? 아니면 병든 자인가?(12절)
4. 호세아 6장 6절을 읽은 후 하나님께서 원하시는 삶의 모습과 지금의 내 모습은 어떠한지 비교해 보자.

10월

5 내가 너희를 쉬게 하리라

일독 성경 마태복음 11장 25–30절(마태복음 11–13장 中)

말씀의 씨앗

씨앗말씀 · 오늘 내게 심어진 한 절 말씀

예수님께서 대답하십니다. "아버지여 이것을 지혜롭고 슬기 있는 자들에게는 숨기시고 어린아이들에게는 나타내심을 감사합니다." 예수님께서 행하신 기사와 이적과 가르침에 대하여 지식 있는 자들은 논리적으로 따지고 판단을 하였습니다.

그러나 아이들은 와서 안기며 예수님을 좋아했습니다. 그리고 어린아이와 같이 순수한 믿음으로 믿고 따르는 사람들이 있었습니다. 말씀을 그대로 믿고 순종함으로 나아가는 진정한 성도의 모습입니다. 믿음이 없이는 하나님을 알 수도 깨달을 수도 없습니다. 이것은 똑똑한 지식이 아닌 순수한 믿음의 순종을 통해서만 이루어집니다.

"수고하고 무거운 짐진 자들아 다 내게로 오라. 내가 너희를 쉬게 하리라."

예수님 앞에 모든 짐을 내려놓고 자유함을 얻을 수 있습니다. 예수님께로 가는 모든 사람을 품으십니다. 우리가 가지 않을 뿐이지, 다 내게로 오라고 말씀하십니다. 우리에게 진정한 쉼을 주십니다.

"나는 온유하고 겸손하다. 내 멍에를 메고 내게 배우라. 너희가 쉼을 얻을 것이다."

예수님의 멍에는 진리입니다. 그러하기에 세상에서는 무거워 보이지만 진정한 생명이 있기에 가치가 있습니다. 예수님께서 이미 지셨기 때문에 우리는 함께 동행하는 것입니다. 진정한 쉼은 오직 예수님 안에 있습니다. 눈을 뜨고도 보지 못하고 귀를 가지고도 듣지 못하는 세대에게 이제는 외칠 때입니다.

"세상의 멍에를 메고 힘겹게 절망하지 말고 이제는 예수님께 와서 쉼을 얻으라!"

말씀의 가지

예수님은 사람들에게 환영과 존경과 사랑도 받았지만 동시에 반대와 핍박과 조롱도 받으셨다. 사람들에 대한 예수님의 태도는 변함이 없었지만 예수님에 대한 사람들의 태도는 늘 변화가 많았다. "호산나"라고 외치던 바로 그 사람들이 예수님을 "십자가에 못 박았다"고 하였다. 본문 12장에서부터 양의 가죽을 벗고 이리의 이빨을 드러내기 시작한다. 안식일에 예수님이 제자들과 함께 밀밭을 지나가는 이 사건을 통해 제동을 걸기 시작하는 것이다. 이 핍박은 예수님이 십자가에 못 박히기까지 쉬지 않고 계속된다. 마태복음 1장에서 11장까지가 예수님에 대한 환영이었다면 12장부터는 핍박의 과정이다.

(하용조, 비유로 말씀하시더라(두란노 1996), p.10)

말씀의 꽃 · 나만의 일독 큐티

말씀의 열매 · 기도 제목

10월

6

나를 구원하소서!

일독 성경 마태복음 14장 22-33절(마태복음 14-17장 中)

말씀의 씨앗

씨앗말씀 · 오늘 내게 심어진 한 절 말씀

홀로 있을 때 무엇을 하시나요? 예수님께서 제자들을 먼저 강 건너편 땅에 보내셔서 홀로 산에 남으신 후 기도하셨습니다. 사람은 감시가 풀리면 죄성이 드러나는 경우가 많습니다. 그러나 예수님은 보여 주셨습니다. 우리가 홀로 무엇을 해야 하는지를. 그것은 기도입니다. 바로 하나님과의 깊은 교제입니다. 아무도 보지 않는 곳은 내 맘대로 할 수 있는 절호의 찬스가 아니라 방해받지 않고 하나님을 온전히 만날 수 있는 소중한 기회입니다. 예수님이 기도를 마치시고 물 위를 걸어 제자들의 배로 가셨습니다. 배는 파도가 치는 풍랑 속에서 곤경에 빠져 있었습니다. 제자들은 어부였습니다. 누구보다 능숙한 물사람이었으나 속수무책이었죠. 그때 예수님이 나타나셨습니다. 어려운 풍랑 속에 있다 보니 예수님을 보고도 무서워하였습니다. 우리의 경험이 되려 주님을 알아보지 못하게 하는 영적인 구름이 될 때 이것을 잘 분별해야 합니다.

풍랑 속에서 예수님을 보자마자 처음으로 말을 건넨 사람은 베드로입니다. 그는 물 위로 걷게 해 달라고 간구합니다. 예수님께서 들어주셨고 그가 물 위를 걷기 시작합니다. 신기한 일입니다. 그러나 순간 바람이 불고 두려움이 엄습했습니다. 풍랑 속에 있었으니까요. 물에 빠지고 허우적대며 예수님이 구해 주시기를 간구합니다. 예수님은 베드로가 알기 원하셨습니다. “믿음이 작은 자여 믿음을 가지라.”

베드로를 통해 예수님을 바라보는 것이 능력임을 알기를 원합니다. 다른 모든 곳에서 소망을 찾으려 헤매는 인생이지만 결국 예수 그리스도 안에 소망이 있습니다. 생명이 있습니다. 예수님만 바라보십시오.

말씀의 가지

세례 요한

기원전 1세기 말에 팔레스타인 지방에서 예수를 심판주라 설교하면서 사람들에게 세례자이자 예수가 세상에 올 것을 예고한 예언자이다. 신약의 복음서와 유대 고대사는 요한에 대해 비중 있게 언급한다. 세례 요한은 30세가 되던 해부터 갈릴리의 요르단 강가에서 지내며 강에 오는 사람들에게 세례를 베풀고 설법하며 살았는데 특이하게도 같은 유대계인 바리새인들과 사두개인들에게는 세례를 베풀지 않았다고 한다. 그러던 어느 날 세례자 요한은 우연히 예수 그리스도를 만나게 되었는데 그는 예수를 알아보고 자신이 오히려 예수에게 세례를 받아야 한다고 했지만 예수의 결심이 확고하여 그에게 세례를 베풀었다.

(위키백과, https://ko.wikipedia.org/wiki/세례자_요한)

말씀의 꽃 · 나만의 일독 큐티

말씀의 열매 · 기도 제목

10월

7

용서받은 죄인

일독 성경 마태복음 18장 21-35절(마태복음 18-21장 中)

말씀의 씨앗

씨앗말씀 · 오늘 내게 심어진 한 절 말씀

베드로가 예수님께 질문합니다. "우리가 형제를 몇 번 용서하면 충분합니까? 일곱 번은 해야겠죠?" 그때 예수님께서 대답하십니다. "일흔 번씩 일곱 번이라도 해라." 성경에서 7의 배수나 10을 곱한 수는 완전함을 의미합니다. 제한하지 말고 온전히 용서하라는 뜻입니다. 그러면서 예수님께서 천국에 대하여 용서와 연결지어 설명해 주십니다. 왜 그럴까요? 천국의 열쇠가 용서에 있기 때문입니다. 예수님께서 우리 가운데 오신 것은 인류를 용서하시기 위한 희생이었습니다. 죄의 대가로 받아야 하는 죽음을 친히 담당해 주시고 우리를 용서해 주셨습니다. 죄의 용서를 직접 받아주신 것입니다. 그래서 예수님의 이름을 부르면 용서의 은혜가 우리 가운데 있게 됩니다. 죄에 대한 벌로 영원한 사망이 아니라 용서의 은혜로 영원한 생명을 누립니다.

이것을 일만 달란트 빚진 자와 백 데나리온 빚진 자의 비유로 말씀하십니다.

일만 달란트 빚을 진 자가 주인에게 간청하여 면제를 받고 나오던 길에 자신에게 백 데나리온 빚진 자를 만나 갚으라고 합니다. 일만 달란트와 백 데나리온은 엄청난 차이가 납니다. 그렇게 크게 면제를 받고는 눈 앞에 백 데나리온도 면제해 주지 못하는 것은 그 받은 은혜를 무시하는 것과 다름이 없습니다. 결국 다시 붙잡혀 빚을 갚아야 하는 상황이 됩니다. 우리를 구원하신 예수 그리스도의 십자가는 일만 달란트로도 비교가 안 되는 무한한 사랑이며 비교할 수 없는 선물입니다. 그것에 대한 감사의 증거가 바로 우리 삶의 용서입니다. 그 용서가 십자가의 증거가 됩니다. 그래서 우리의 용서는 예수 그리스도의 구원을 인정하는 증거가 됩니다. 내가 남을 용서하는 것이 아니라 내가 받은 용서의 증거가 되는 축복입니다. 매일의 삶이 용서를 통하여 예수님의 십자가를 증거하는 삶이 되기를 소망합니다.

말씀의 가지

사랑하라는 말은 손해 보거나 바보처럼 살라는 말이 아니다. 하나님께서 우리에게 무엇보다도 먼저 사랑하라고 명령하신 것은 우리가 하나님의 자녀로서 받는 모든 복과 평안과 응답이 사랑 안에서 이루어지기 때문이다. 예수님은 특별히 용서에 대한 말씀을 많이 하셨다. 우리는 무조건 용서하라고 하기 전에 왜 용서하고 사랑해야 하는지를 알아야 한다. 마태복음 18장 21절에서 베드로는 어떤 질문을 했는가? (중략) 그것은 어리석은 질문이었다. 그리고 그 질문에 대한 예수님의 답은 무엇이었는가? 실제로 용서하는 것이 어려운 것이 아니라 마음이 문제인 것이다. 만약에 "나는 더 이상 용서할 수 없어!", "벌써 몇 번째인지 알아?"라고 말한다면, 그렇게 말하는 자신도 다시는 죄 짓지 말아야 한다.

(유기성, 예수님의 사람(넥서스 2009), pp.215-216)

말씀의 꽃 · 나만의 일독 큐티

말씀의 열매 · 기도 제목

10월

8

부활과 율법

일독 성경 마태복음 22장 23-40절(마태복음 22-24장 中)

말씀의 씨앗

씨앗말씀 · 오늘 내게 심어진 한 절 말씀

사두개인들과 바리새인들이 예수님을 시험하기 위하여 질문을 합니다. 사두개인은 모세오경 외에는 부활도 천사도 믿지 않습니다. 바리새인은 철저히 율법주의적 생활을 강조합니다. 그러나 바리새인은 부활과 천사를 믿습니다. 그래서 두 세력간에 논쟁이 있습니다. 그러나 예수님을 공격하는 데는 함께합니다. 사두개인이 질문합니다. "모세의 율법에 형이 죽으면 그 동생이 형의 아내를 책임지는데 일곱 형제가 차례로 다 죽고 맏형의 아내가 차례로 아내가 되었다 죽으면 부활 때에 누구의 아내가 되겠습니까?" 그때 예수님께서 대답하십니다. "너희가 오해하는구나. 부활 때엔 천사와 같이 되어 시집도 장가도 가지 않는다. 하나님은 죽은 자의 하나님이 아닌 산 자의 하나님이시라. 죽은 자의 부활을 논할진대 하나님을 아브라함의 하나님, 이삭의 하나님, 야곱의 하나님이라 부르지 않느냐?" 사두개인들이 가르침에 놀랍니다. 그러자 바리새인들이 질문합니다. "그렇다면 율법 중 가장 큰 것이 무엇입니까?" 율법에 능통하여 무엇이든 반문을 하려고 한 질문입니다. 그러나 예수님은 율법의 근본에 대하여 가르쳐 주셨습니다.

"사랑하라. 하나님을 사랑하고 이웃을 사랑하라. 이것이 율법과 선지자의 강령이다."

예수님의 가르치심에 반문할 수 있는 율법학자가 없었습니다. 우리는 끊임없이 확인하고 싶어합니다. 그러나 예수 그리스도께는 확인이 아닌 확신이 필요합니다. 오직 믿음으로만 예수님의 생명을 볼 수 있습니다. 매일의 삶이 그리스도 예수 안에서 온전한 믿음으로 승리하기를 소망합니다.

말씀의 가지

'알지 못하게, 깨닫지 못하게, 죄 사함을 얻지 못하게'라는 말 속에서 신앙의 길이 얼마나 험난하고 어려운지 실감할 수가 있다. 마태복음 22장 14절에서 예수께선 이 구절과 뜻이 통하는 '청함을 받은 자는 많되 택함을 입은 자는 적으니라'라고 말씀하셨다. 말씀을 들으려는 마음의 준비와 의지가 있다면 하나님께서 주시는 은혜는 애기했던 것보다 더욱 크다는 것이다. 이 구절의 후반 절은 글자대로 부자와 가난한 자 또는 착취자와 피착취자와 상호대립관계의 의미로 인용되기도 하지만 본래의 예수의 의도와는 다르다. 그 이유는 그 앞에 '귀 있는 자는 들으라'로 되어 있기 때문이다. 하나님의 말씀은 들을수록 그 은혜가 충만해지지만 듣지 않으면 받은 은혜도 소멸되어 버린다.

(신상훈, 성경의 즐거움(스타북스 2006), p.299)

말씀의 꽃 · 나만의 일독 큐티

말씀의 열매 · 기도 제목

10월 **10**

항상 함께 있으리라

일독 성경 마태복음 28장 9-20절(마태복음 27-28장 中)

말씀의 씨앗

씨앗말씀 · 오늘 내게 심어진 한 절 말씀

예수님께서 십자가에 달려 죽으신지 사흘 만에 부활하셨습니다. 막달라 마리아와 다른 마리아가 무덤에 가자 지진과 함께 돌문이 열리고 천사가 그 돌 위에 앉아서 말합니다. "예수님은 이미 부활하셔서 갈릴리로 가셨다." 무서움과 두려움 속에서 그 이야기를 듣고 갈릴리로 가던 중 예수님을 만나게 됩니다. 두려움과 떨림으로 예수님의 발을 잡고 경배합니다. "무서워 말고 갈릴리로 가라. 거기서 나를 보리라."

그때 한쪽에서는 파수꾼들이 대제사장들에게 이 일을 고합니다. 무덤이 열리고 예수님이 살아나신 것을 알았습니다. 무덤을 아무리 지킨다 해도 막을 수 없는 일이었습니다. 대제사장들과 장로들이 돈을 주면서 예수의 제자들이 졸고 있을 때 훔쳐갔다고 하라며 거짓을 가르칩니다. 그리고 근무 태만으로 불이익이 되지 않게 할 테니 걱정 말라고 합니다. 지키던 파수꾼들이 거짓말로 제자들이 훔쳐 갔다 하니 오늘까지 유대인들이 예수님의 부활을 믿지 못하는 것입니다. 거짓을 가르침으로 말미암아 세월이 흘러도 방황하고 있습니다. 그러나 예수님은 분명히 갈릴리에 나타나셨습니다. 그리고 그들에게 마지막으로 말씀하십니다. "아버지와 아들과 성령의 이름으로 세례를 주고 내가 분부한 모든 것을 가르쳐 지키게 하라." 예수님의 가르침은 생명이요 진리요 축복이었습니다. 진리를 알게 됨으로 목숨을 걸고 사명을 감당하게 됩니다.

우리가 그렇게 용기를 낼 수 있는 것은 예수님께서 분명히 세상 끝 날까지 항상 함께 하신다는 약속 때문입니다. 하나님은 실수하지 않으시는 분이십니다. 어떠한 상황 속에서도 외롭지 않고 두렵지 않은 것은 이 약속 때문입니다. 예수님과 동행함으로 승리하는 삶이 되기를 소망합니다.

말씀의 가지

신약의 첫 관문인 본서가 첫 장에서 예수 그리스도의 족보를 싣고 있는 것은 무슨 이유이겠는가? 예수님으로부터 역사를 거슬러 올라가면서 족보를 살펴보면 그 족보는 다윗왕에 이르고, 이스라엘 민족의 조상이며 믿음의 조상인 아브라함까지 도달한다. 곧 '왕의 족보'인 것이다. 마태는 예수님께서 유대인의 왕으로서 세상에 오셨음을 분명하게 보여 주려 한다. 하지만 유대인의 왕 예수는 하나님의 아들이며(3:17, 17:5), 궁극적으로는 세상 만왕의 왕이시다. 마태는 본서 끝에 예수님의 지상 대명령(28:19-20)을 기술하기 전에 예수님께서 하늘과 땅의 모든 권세를 하나님으로부터 받았다고 말한다(28:18). 유대인의 왕이며, 만왕의 왕이신 주님께서 수천 년 전에 약속된 것(예언)을 좇아 마침내 세상에 오셨다는 것이 본서의 핵심 주제다. 인간 세상에 많은 통치자가 있었고, 또 지도자가 있지만 과거에도, 현세에도, 내세에 이르기까지 우리의 유일무이하신 왕은 바로 예수 그리스도 한 분뿐인 것이다.

(라이프 성경 사전(생명의말씀사 2006))

말씀의 꽃 · 나만의 일독 큐티

말씀의 열매 · 기도 제목

10월

11

당신은 하나님의 아들이니이다

일독 성경 마가복음 3장 1-12절(마가복음 1-3장 中)

말씀의 씨앗

씨앗말씀 · 오늘 내게 심어진 한 절 말씀

안식일에 예수님이 회당에 가셨습니다. 그리고 손이 마른 자를 보셨습니다. 사람들은 그가 어떻게 하는가 엿보고 있습니다. 이것을 아시고 예수님은 오히려 손이 마른 자를 일으켜 세웁니다. 그리고 악을 행하는 것과 선을 행하는 것, 생명을 구하는 것과 죽이는 것 중에서 어느 것이 옳은가 물으십니다. 아무도 대답을 못합니다. 왜냐면 행하지 말라하면 악을 말하는 것이요, 행하라 하면 율법을 어기는 것이기 때문입니다. 둘 다 예수님을 시험하는 것이라 생각했지만 거꾸로 둘 다 예수님이 하시는 일을 임의로 평가할 수 없는 일임을 알았습니다. 예수님은 손이 마른 자를 고치셨습니다. 명분과 형식이 아닌 사랑을 나타내셨습니다. 엿보지 못하게 되고 자신들의 부끄러움이 공개되자 바리새인들이 헤롯당과 모의를 하여 예수를 죽이고자 합니다. 영적으로 깨어나지 못하면 사람은 세상과 손을 잡고 진리를 죽이려 합니다.

이 사건 후 예수님께서 갈릴리를 떠나 요단강 건너편에 가시자 무리가 따릅니다. 육신을 입으셨기에 피곤함을 느끼십니다. 사람들이 어떻게서든지 예수님의 몸에 손을 대고 병 고침 받기 원하였습니다. 그러자 배를 띄워 육지에서 떨어져 제자들을 가르치십니다. 예수님의 가르치심에 귀신도 하나님의 아들임을 고백하며 두려워 떠납니다. 예수님은 이 일을 알리지 말라고 경계하십니다. 하나님의 때가 이르면 이 일은 자연히 알게 됩니다. 그 전에 자신을 자랑하거나 사람에게 권세를 얻으려 하지 않으십니다.

이것이 예수님의 지혜입니다. 숨김 없이 드러내시고 또한 은밀하게 하나님의 때를 기다리십니다. 이것을 분별하는 영적인 눈이 필요합니다. 예수님을 닮은 모습으로 영적으로 깨어 분별력 있는 삶이 되기를 소망합니다.

말씀의 가지

만약 우리가 기도하는 삶에는 언제나 하나님의 은총이 가득하다는 사실을 알고 있다면, 기도를 올바른 방법으로 하는 것도 중요하지만 언제 어느 때에 기도하느냐 하는 것도 매우 중요하다는 사실을 알아야 한다. 예수께서 보여 주신 기도의 예를 통해 알아보자. “새벽 오히려 미명에 예수께서 일어나 나가 한적한 곳으로 가사 거기서 기도하시더니(막 1:35).” 예수께서 이른 아침을 선택해 기도했다. 하나님의 은혜를 체험한 많은 사람들도 예수님의 이 모습을 좇았다. 아침 시간은 마음이 하루 중 가장 편안한 시간이다. 소음이나 정신을 흐트러뜨리는 어수선한 주위로부터 자유롭다. 하나님께 온갖 정신을 집중하는 것은 기도에 있어 중요하고 기본적인 것이다.

(Robert Collier, 로버트 콜리어의 기도(느낌있는책 2008), p.107)

말씀의 꽃 · 나만의 일독 큐티

더 생각해 보기

1. 안식일은 누가 만들었는가? 누구를 위한 것인가?
2. 사람들의 마음이 완악한 이유는 무엇인가?(5–6절)
3. 내 마음이 완악하여질 때는 언제인가?
4. 왜 예수님께서 자기를 나타내지 말라고 경고하셨을까?(12절)

10월

12

저가 뉘기에 순종하는고

일독 성경 마가복음 4장 35-41절(마가복음 4-6장 中)

말씀의 씨앗

씨앗말씀 · 오늘 내게 심어진 한 절 말씀

예수님께서 저녁 때에 배를 타고 저편으로 건너가자 하시니 다른 배들과 함께 건너갑니다. 가던 중 광풍을 만나 배에 물이 가득차게 됩니다. 배가 가라앉게 생겼는데 예수님은 주무시고 계십니다. 제자들이 깨우며 말합니다. "우리가 죽게 되었습니다." 예수님께서 깨어 바람을 꾸짖으시며 말씀하시기를 잠잠하라 고요하라 하십니다.

그러자 바다가 모두 평안하여졌습니다. 그리고 예수님은 제자들에게 어찌 무서워하였느냐고 꾸짖으십니다. 예수님은 우리와 똑같은 몸을 가지셨습니다. 그래서 피곤하셨습니다. 그래서 계속된 사역으로 몸이 피곤해 풍랑이 일어도 모를 정도로 주무셨습니다. 이것이 우리에게 소망입니다. 우리가 핑계대지 못할 이유입니다. 예수님은 초인적인 힘으로 사랑하신 것이 아니라, 우리와 똑같으심에도 불구하고 사랑하신 것입니다. 예수님이 말씀하시니 모든 풍랑이 순종하며 잠잠해집니다. 이것은 우리에게 놀라운 일이지만 예수님께는 당연한 일이었습니다. 우리가 믿음으로 예수님을 의지하면 무서워하지 않을 수 있었습니다. 내가 하는 것이 아니라 하나님이 하시는 일입니다. 그래서 예수님은 제자들을 꾸짖으십니다. "내가 함께하고 있는데 왜 두려워하였느냐?"

기도에 응답이 없는 것처럼 답답할 때 혹은 오히려 풍랑처럼 고난이 다가올 때 우리에게 필요한 것은 불평이 아니라 인내입니다. 그리고 믿음입니다. 하나님이 가장 선한 길을 예비하고 계시다는 것을 믿을 때에 우리에게 평안이 찾아옵니다. 매일의 삶을 잠잠하게 하신 예수님의 능력을 의지하여 승리하는 삶이 되기를 소망합니다.

말씀의 가지

예수님이 대중들에게 전하신 놀라운 비유들은 신중하게 준비되었고, 정교하게 다듬어졌으며, 힘차면서도 정확하게 전달되었다. 대중들에게 전한 메시지가 제자들에게 전한 것보다 덜 중요한 것은 아니었다. 다만 수준이 달랐을 뿐이다. 역설적이지만 사실 예수님은 진리를 드러내기 위해 진리를 숨기는 방법이라 할 수 있는 비유를 사용하셨다(막 4:12). 예수님의 비유는 어떤 사람의 영적 인식의 수준을 드러내는 영혼의 온도계와 같다고 할 수 있다. 그래서 예수님은 "들을 귀 있는 자는 들으라(막 4:23)."라고 말했던 것이다. 모든 사람이 하나님의 진리를 '들을 귀'를 갖고 있는 것은 아니다. 하지만 어떤 이들은 갖고 있다. 이러한 흥미로운 이야기들은 말하는 사람만큼이나 듣는 사람에 대해서도 많은 것을 드러내고 있다.

(Bob Briner, 예수처럼 하라(비지니스북스 2008), p.85)

말씀의 꽃 · 나만의 일독 큐티

말씀의 열매 · 기도 제목

10월

13

칠병이어

일독 성경 마가복음 8장 1-10절(마가복음 7-9장 中)

말씀의 씨앗

씨앗말씀 · 오늘 내게 심어진 한 절 말씀

예수님께서 병든 자를 고치시고 연약한 자에게 용기를 주시고 사모하는 자에게 하늘의 비밀을 가르쳐 주십니다. 그렇게 좇던 무리들이 허기짐을 보시고 불쌍히 여기셨습니다. "내가 그들을 굶겨 보내면 멀리서 온 사람들도 있어 길에서 기진하리라." 광야에서 음식을 얻을 곳도 없었습니다. "너희에게 떡이 몇 개나 있느냐?" "일곱 개가 있습니다." 무리를 명하사 앉게 하시고 떡을 가지고 축사하시고 나누어 줍니다. 물고기도 두 마리가 있음을 아시고 축사하시고 나누어 줍니다. 그러자 사천 명의 무리들이 먹고 남은 것을 거두니 일곱 광주리가 되었습니다. 돌아갈 힘을 얻은 후에 무리를 흩어 돌려 보내십니다.

믿음의 가족은 나누는 곳에 역사가 있습니다. 내 것을 움켜쥐면 쥘수록 사람은 초라해지고 남는 게 없으나 나누고 사랑하면 그곳에 더 큰 역사가 일어납니다. 하나님의 살아 계심은 나눔을 통하여 이루어집니다. 예수님은 늘 나누어 주셨습니다. 고치시고 가르치시고 기도하셨습니다. 지금까지도 예수님의 마지막 만찬에 우리가 동참할 수 있는 것은 작은 떡이 나뉘어 수많은 사람을 채워 준 것과 같이 이 시대와 시대를 넘어온 인류를 채우기에 충분합니다. 날마다 채우시고 인도하시는 예수 그리스도의 사랑을 깨닫고 믿음으로 승리하는 삶이 되기를 소망합니다.

말씀의 가지

상담이 성경적이 되기 위해서는 사람의 마음 깊은 곳에 뿌리를 내려야 한다. 마가복음 7장에 보면, 바리새인들이 예수님을 비난할 때에 "당신의 제자들이 어째서 씻지 않은 손으로 음식을 먹느냐?"고 트집을 잡았다. 주님은 "사람의 입으로 들어가는 것은 사람을 더럽게 하지 못한다. 사람의 속에서 나오는 것이 사람을 더럽게 한다. 음식 먹은 것은 뒤로 나가면 그만인데 사람 마음속에서 나오는 악한 생각, 악한 말, 그런 것들이 사람을 더럽게 한다"고 말씀하셨다. 마음이 중요하다. 행동만 고치려고 하는 것은 근본적인 변화를 가져오지 못한다. 마음의 변화가 와야, 속사람이 변화되어야 그 사람의 인격이 변하고 그 사람의 삶이 변화되는 것이다.

(황규명, 성경적 상담의 원리와 방법(바이블리더스 2008), p.83)

말씀의 꽃 · 나만의 일독 큐티

말씀의 열매 · 기도 제목

10월

14

믿음으로 되는 일

일독 성경 마가복음 10장 46–52절(마가복음 10–12장 中)

말씀의 씨앗

씨앗말씀 · 오늘 내게 심어진 한 절 말씀

여리고성에 들어가셨다가 나오셨습니다. 그 외 기록이 없습니다. 여리고는 사람이 많은 성입니다. 물품이 활발하게 교역되는 곳이기 때문에 풍족한 곳입니다. 사람도 많고 물건도 많지만 예수를 찾는 이는 적었습니다. 그나마 삭개오라는 사람은 여리고성에서 예수님을 사모한 사람입니다. 마가는 예수님께서 들어가셨다 무리와 함께 나오고 있음을 기록합니다. 나오실 때에 오히려 중요한 사건이 있음을 보여 줍니다. 바로 소경 이야기입니다. 소경은 예수님 소식을 듣고 소리 지릅니다. "다윗의 자손 예수여 나를 불쌍히 여기소서!" 소경은 이미 예수님의 소식을 이리저리 지나가는 자를 통해 들었을 것입니다. 그리고 그 소경은 희망을 가졌을 것입니다. '믿음은 들음에서 나고 그 들음은 하나님의 말씀이니라.' 사도 바울이 로마서를 통해 가르쳐 주는 것처럼 예수님에 대한 소식이 복음입니다. 소경 안에 말씀이 들어가고 믿음이 생기기 시작하였습니다. 그리고 예수님을 힘을 다해 부르기 시작합니다. 사람들은 시끄럽다고 조용히 하라고 하나 소경은 더 크게 외칩니다. 그때 예수님은 소경을 데려오라고 말씀하십니다. 아마 어떤 사람들은 '어떻게 소경보고 오라 하나 가서 만나 주셔야지 예수님이 배려가 없으시네.' 이렇게 생각하는 사람도 있었을 것입니다. 그러나 그렇게 말씀하신 데는 이유가 있습니다.

첫째로는 잠잠하라 하던 사람들이 오히려 도와줘야 올 수 있습니다. 예수님을 말로만 좇지 말고 가르쳐 주신대로 사랑하라는 것입니다. 그를 용납해 주는 마음의 아량이 필요하다는 것입니다. 그리고 소경은 그 자리를 일어나야 볼 수 있는 것을 아셨기 때문입니다. 소경은 겉옷을 벗어 놓고 그 자리에서 일어나 예수님께 나아옵니다. 자신이 가진 것 중에 가장 소중한 것일 수도 있습니다. 눈비가 와도 사람이 외면해도 겉옷은 자신을 지켜주는 공간입니다. 그것을 버리고 예수님께로 오는 것은 볼 수 있다는 믿음이 없이는 불가능합니다. 그가 예수님 앞에 섰을 때에 말씀하십니다. "네 믿음이 너를 구원하였느니라." 어둠 속에서 빛이 없던 소경이 빠져나옵니다. 절망과 괴로움의 늪에서 살려 주십니다. 소경이 눈을 뜨고 보게 됩니다. 역사는 내 안에 믿음을 통하여 일어납니다. 예수님은 그것을 요구하신 것입니다.

소경이 눈을 뜨게 된 것보다 더 중요한 것이 있습니다. 눈을 뜨자 소경이 예수님의 길을 좇았다는 것입니다. 기도가 응답되면 오히려 이전보다 더 신앙이 나태해지는 경우가 있습니다. 그러나 우리에게 응답하심은 참된 제자가 되기 위한 과정입니다. 어떠한 사람도 육신으로 영원히 사는 사람은 없습니다. 영원한 생명과 소망은 오직 예수님 안에 있습니다. 좁지만 넓은 길은 예수님의 길입니다. 소경은 눈을 뜨고 예수님을 따랐습니다. 우리의 인생을 돌아보고 믿음으로 응답받는 삶이 되기를 소망합니다. 그리고 그 모든 열매가 제자의 삶을 위한 열매임을 알고 승리하기를 소망합니다.

말씀의 꽃 · 나만의 일독 큐티

말씀의 열매 · 기도 제목

10월

15

말씀을 이루려 함이라

일독 성경 마가복음 14장 43-52절(마가복음 13-16장 中)

말씀의 씨앗

씨앗말씀 · 오늘 내게 심어진 한 절 말씀

"나를 파는 자가 오도다." 예수님께서 말씀하실 때에 가룟 유다와 무리가 옵니다. "내가 입 맞추는 자가 잡을 사람입니다." 가룟 유다는 말합니다. 그리고 선생이여 부르며 예수님께 입 맞춥니다. 겉으로는 선생님에 대한 사랑과 존경심의 인사였지만 속에는 사탄이 들어 있습니다. 잡아 죽이려는 음모가 들어 있습니다. 그는 가장 가까운 곳에 있던 제자입니다. 그리고 재정이라는 중요한 일을 맡고 있던 제자입니다. 그런데 그 제자가 배반했습니다. 예수님은 그럼에도 불구하고 그대로 놔두십니다. "내가 성전에서 가르칠 때에도 아무일도 하지 않더니 이제 강도를 잡듯 검과 망치를 들고 와서 잡으려 하는구나. 그러나 이것은 성경을 이루려 함이니라."
성전에서 가르치실 때에도, 지금 아무 연고없이 잡히시는 것도 모두 다 하나님이 온 인류를 구원하시려는 계획의 일부이기 때문에 순종하시는 것입니다.

제자들은 모두 도망갔습니다. 이불을 빼앗기고 벗은 몸이 되어도 도망갔습니다. 도망가는 것이 사는 것인 줄 알았으나 그것은 죽음이었습니다. 예수님을 떠나가는 것은 영원한 생명을 잃어버리는 것입니다. 예수님께서 다시 부활하셔서 제자들을 부르셨을 때에 제자들은 다시 기회를 얻고 순교하기까지 제자의 삶을 살았습니다. 말씀에 순종하여 죽고자 하는 자는 다시 살게 됩니다. 예수님이 잡히신 것은 오직 하나님의 말씀을 이루시는 놀라운 사랑이었습니다. 날마다 우리는 어느 편에 서 있는지 점검함으로 신실한 믿음의 길에 서서 승리하는 삶이 되기를 소망합니다.

말씀의 가지

마가복음은 기독교 신약성경의 하나로 예수의 행적과 가르침을 담은 복음서이다. 현재 남아 있는 복음서 중, 시기적으로 가장 오래된 복음서일 가능성이 높다. 마가복음서는 세례 요한의 이야기로부터 시작되는 예수의 생애와 말씀을 담고 있다. 대부분의 내용은 그의 마지막 주의 활동(11장에서부터 16장까지), 즉 예루살렘 여행에 집중되어 있다. 본서는 4대 복음서 가운데 길이가 가장 짧다. 또한 4대 복음서 가운데 가장 먼저 편찬된 것으로 보인다. 그리고 다른 복음서와는 달리 예수의 탄생 이야기가 없다. 대신 하나님의 아들이라는 고백으로 시작한다.

(위키백과, https://ko.wikipedia.org/wiki/마가복음)

말씀의 꽃 · 나만의 일독 큐티

말씀의 열매 · 기도 제목

10월

16

성령과 불로 세례를 받으라

일독 성경 누가복음 3장 7-17절(누가복음 1-3장 中)

말씀의 씨앗

씨앗말씀 · 오늘 내게 심어진 한 절 말씀

세례 요한이 세례를 베풀자 많은 사람이 그를 찾아왔습니다. 그러자 세례 요한은 "독사의 자식들아 누가 너희에게 진노를 피하라 하더냐"고 하면서 외식에 치우쳐 세례를 받거나 여전히 죄악에 있는 사람들에게 꾸짖어 가르칩니다. "진정으로 세례를 받으려거든 회개의 합당한 열매를 맺으라." 그러면서 "너희에게 옷이 두 벌만 있어도 한 벌을 나누고 먹을 것도 나누어라." 넉넉한 것을 나누라고 하지 않으십니다. 있는 것을 나누라는 것입니다. 결국 회개하면 삶을 통해 사랑을 나누게 되는 것을 증거합니다. 그것이 합당한 열매입니다. 나누기보다 채우기에 급급했던 세리들이 묻습니다. "우리는 어찌할까요?" "너희는 정한 세만 받아라." 정직히 행하라는 것입니다. 군인들도 묻습니다. "너희는 강탈하지 말라." 힘과 권력을 선한 일에 쓰라는 것입니다. 결국 우리의 인격과 모든 것을 하나님 앞에 온전히 행할 때에 비로소 회개한 것이 증거된다는 이야기입니다. 기도했다고 하면서 여전히 악을 행하는 것은 거짓입니다.

세례 요한이 혹시 메시아인가 사람들이 마음속으로 생각합니다. 세례 요한은 말합니다. "나는 물로 세례를 주거니와 내 뒤에 오시는 이는 불과 성령으로 세례를 주노라. 나는 그의 신발끈을 풀기도 감당하지 못하겠노라." 그는 자신의 사명을 알고 교만하거나 자만하지 않았습니다. 자신의 자리에서 지켜야 할 것을 지키고 분별하여 행하였습니다. 마지막 때에 심판의 시간이 오면 쭉정이는 불에 태워 버립니다. 그러나 회개한 열매들은 알곡이 되어 곡간에 들입니다. 열매 맺는 나무만 찍히지 아니하고 남아 그 푸르름을 감사하게 됩니다. 믿음으로 승리하는 삶이 되기를 소망합니다.

말씀의 가지

연약한 사람들에게 하나님이 주신 선물 중 하나가 '사람들'입니다. 마리아가 임신 소식을 접했을 때 얼마나 큰 충격을 받았을까요? 바로 그때 마리아는 동일한 경험을 했던 엘리사벳을 찾아가 석 달을 머물며 큰 위로를 얻게 됩니다. "마리아가 석 달쯤 함께 있다가 집으로 돌아가니라"(눅 1:56). 성경은 말합니다. "우리의 모든 환난 중에서 우리를 위로하사 우리로 하여금 하나님께 받는 위로로써 모든 환난 중에 있는 자들을 능히 위로하게 하시는 이시로다"(고후 1:4).

(송길원, 소울메이트를 위한 사랑 큐티(위즈덤로드 2009), p.180)

말씀의 꽃 · 나만의 일독 큐티

말씀의 열매 · 기도 제목

10월

17 모든 것을 버려두고 예수를 따르니라

일독 성경 누가복음 5장 1-11절(누가복음 4-6장 中)

말씀의 씨앗

씨앗말씀 · 오늘 내게 심어진 한 절 말씀

베드로가 밤이 새도록 고기를 잡았으나 잡지 못하고 그물을 씻고 있었습니다. 예수님께서 배를 사용하기를 원하시고 배에 오르셔서 무리를 가르치십니다. 말씀을 마치시고 베드로에게 깊은 데로 가서 그물을 내리라고 말씀하십니다. 베드로가 말합니다. “밤새 잡아도 없었지만 당신의 말씀을 의지하여 가겠습니다.” 그물을 내리자 그물이 찢어지도록 고기가 잡혔습니다. 옆에 있던 요한과 야고보의 배에 도움을 청하여 겨우 싣고 나옵니다. 나와서 베드로가 무릎을 꿇고 죄를 고백하며 용서를 구합니다. 속으로 의심하였던 것입니다. 예수님은 그런 베드로에게 나를 따르라고 말씀하십니다. 이에 요한과 야고보도 함께 모든 것을 버려두고 예수님을 따릅니다. 잡은 고기를 팔러가지 않았습니다. 배를 버려두고 따릅니다.

우리의 정체성을 예수님의 제자로 바르게 잡아야 합니다. 세상의 성공과 명예와 물질을 다 버리고 좇아야 합니다. 예수님의 제자가 되기 위해서는 가정과 자기 자신도 버려야 합니다. “나는 이런 사람이다”가 아니라, 철저하게 하나님의 계획하심만을 발견하며 걸어가는 것입니다. 우리의 매일의 삶이 온전한 제자의 삶이 되기를 소망합니다.

말씀의 가지

누가복음은 예수의 탄생전승을 언급함으로써, 예수가 여자의 몸에서 태어난 완전한 사람임을 변증한다. 예수의 탄생전승는 예수가 사람의 탈을 썼을 뿐, 사람이 아니라고 주장하던 가현설을 반박하려는 누가의 신학 의도가 담겨 있다.
누가복음서에 예수의 족보 이야기가 나오는 이유에 대해서 예수를 하나님의 아들임을 변증하기 위한 것으로 보는 해석도 있다. 이는 예수의 족보를 거슬러 올라가면 하나님께로 이른다는 누가의 설명(3:38)에 근거한 해석이다.
누가는 예수께서 귀신을 쫓아내셨다는 이야기를 예수의 첫 번째 기적으로 소개함(4:31-37)으로써, 하나님 나라의 도래를 선언하셨다고 설명한다. 왜냐하면 누가복음은 예수의 축귀사역을 예수의 공생애를 통해 하나님 나라가 도래했다는 증거로 보았기 때문이다.

(위키백과, https://ko.wikipedia.org/wiki/누가복음)

말씀의 꽃 · 나만의 일독 큐티

말씀의 열매 · 기도 제목

10월

18

실족하지 아니하면 복이 있도다

일독 성경 누가복음 7장 18-30절(누가복음 7-9장 中)

말씀의 씨앗

씨앗말씀 · 오늘 내게 심어진 한 절 말씀

세례 요한이 옥에 갇힙니다. 요한은 제자들을 불러 예수님께 물어보게 합니다. "당신이 오실 그 이가 맞습니까?" 예수님은 대답해 주십니다. "맹인이 눈을 뜨고 못 걷는 사람이 일어나고 죽은 자가 살아나고 가난한 자에게 복음이 전파된다. 이 일을 요한에게 알려 주어라."
요한의 제자들이 가자 이제 예수님은 무리에게 말씀하십니다. "너희가 광야에서 본 사람이 누구냐? 무엇을 기대하였느냐? 선지자인가? 맞다. 그는 선지자보다도 큰 사람이다." 지금 이런 질문을 한다고 거짓이 아니라는 것입니다.

사람은 누구나 다 연약함을 가질 수 있습니다. 여인이 낳은 자 중에 가장 큰 자라 할지라도, 세례 요한이라 할지라도 세상에서는 한계가 있습니다. 믿음을 가진 성도는 천국에 들어가 보면 알 수 있습니다. 그 전에는 누구나 시험을 당하고 연약함을 가지고 있습니다. 천국에서는 극히 작은 자라도 요한보다 크다고 하신 것은 우리에게 세상에서 아무리 연약하더라도 답답해하지 말고 하나님의 나라를 꿈꾸며 용기를 내라는 것입니다. 세리와 무리들은 세례를 받았지만 오히려 하나님을 잘 믿는다는 바리세인과 율법학자들은 받지 않았습니다. 그것은 스스로 하나님을 믿는다 하면서 스스로 하나님을 저버리는 행동입니다. 우리에게 필요한 것은 온전한 믿음입니다.
크지도 작지도 않은 한결같은 믿음으로 승리하기를 소망합니다.

말씀의 가지

누가복음 7장을 보면 예수님이 한 바리새인의 집에서 식사를 하신 이야기가 나온다. 그 당시에는 손님의 발을 씻겨 주는 것이 하나의 관습이었는데 예수님이 그 집에 들어가셨을 때 발을 씻겨 주는 사람이 아무도 없었다. 그때 창기였던 한 여성이 예수님이 오신 것을 알고는 값비싼 향유를 가지고 그 집으로 갔다. 당시 사회에서 창기가 하는 일은 잘못된 것으로 여겨졌다. 바리새인은 예수님이 창기인 그 여성을 어떻게 용납해 주실 수 있는지 의아해하였다. 그러자 예수님은 자신이 얼마나 많이 용서받았는지를 알게 된 사람은 하나님을 많이 사랑하게 될 것이라고 말씀하셨다. (중략) 말이나 행동으로 다른 사람에게 깊은 상처를 주었다면 찾아가서 용서를 구하라. 그 사람의 용서가 당신에게 큰 의미를 갖게 될 것이다. 그 결과, 그 사람과 당신은 서로에게 좋은 친구가 될 수도 있다. 상처가 큰 사랑을 만들어낼 수 있기 때문이다.

(토마스 넬슨, 여성을 위한 100일 묵상(넥서스 2009), p.74)

말씀의 꽃 · 나만의 일독 큐티

더 생각해 보기

1. 왜 세례 요한은 제자들을 예수께 보내었는가?(18–19절)
2. 예수님으로 말미암아 실족하지 않는다는 것은 무슨 뜻인가?(23절)
3. 최근 가장 실망하거나 좌절했을 때는 언제였는가? 무엇 때문인가?
4. 세례를 받지 않고 하나님의 뜻을 저버린다는 것은 무엇을 의미하는가? 나는 하나님의 뜻을 어떻게 대하고 있는가?(29–30절)

10월

19

말씀대로 이기다

일독 성경 누가복음 10장 17-24절(누가복음 10-12장 中)

말씀의 씨앗

씨앗말씀 · 오늘 내게 심어진 한 절 말씀

70명의 제자들이 복음을 전하고 돌아왔습니다. 흥분된 소리로 이야기합니다. "예수님! 우리가 전할 때에 귀신이 떠나고 능력이 나타났습니다!" 이에 예수님이 말씀하십니다. "내가 이미 사탄의 권세가 번개 치듯 떨어지는 것을 보았다. 그러나 귀신이 떠나는 것으로 기뻐하지 말고 너희 이름이 하나님 나라에 기록된 것으로 기뻐하라." 예수님의 이름을 의지하여 기도할 때에 능력이 나타나는 것은 놀라운 일이지만 사실 당연한 일입니다. 우리가 기뻐해야 할 것은 신비로운 능력이 아니라 우리를 구원하신 예수님의 사랑으로 말미암아 믿기만 하면 하나님 나라 백성이 된다는 사실입니다. "많은 선지자와 왕이 바라던 일을 너희는 보고 있다." 그렇게도 구약의 예언을 연구하고 기다렸지만 정작 약속대로 메시아가 오심을 보지 못하고 있으니, 오히려 지식이 없고 어린아이와 같이 순수한 사람에게 보이시고 알게 하십니다. 70명의 제자들이 나갈 때 전대나 주머니나 신을 가지지 말고 가라 하셨습니다. '최소한 자기 거할 것과 먹을 것과 입을 것은 준비해야 하지 않나?' 이렇게 생각했을지도 모릅니다. 그러나 나가 보니 예수님의 이름의 권세가 무엇인지 알게 되었고, 돌아와서 영적인 깨달음을 얻게 되었습니다.

이것이 어린아이와 같은 믿음의 눈입니다. 순종하고 그대로 믿습니다. 그 이후에 보게 됩니다. 보고서 가는 길은 믿음이 아닙니다. 지식이죠. 하나님을 아는 지식은 필요합니다. 그러나 그보다 앞서서 반드시 선행되는 것은 영적인 눈을 떠서 하나님을 보는 것입니다. 그리고 어떠한 세상의 가치관도 아닌 오직 하나님의 뜻을 좇아 순종하는 것이죠. 예수님 말씀대로 행하는 삶이 되기를 기도합니다.

말씀의 가지

어떻게 하면 염려하지 않고 주님을 의지하며 살 수 있을까? 누가복음 10장 38–42절에는 마르다라는 여인이 등장한다. 그녀는 예수님을 대접하려 했으나 마음에 염려가 가득했다. 그녀는 일에 마음을 빼앗겨 주님을 바라보지 못했고 주님과의 교제를 잃어버렸다. 그것이 그녀가 염려하게 된 원인이었다. 많은 그리스도인이 '믿음을 갖고 싶지만 믿음이 생기지 않는다'고 말한다. 그것은 십자가의 복음으로 예수님을 바라보지 않기 때문이다. 예수님을 바라보고 사는 사람에게는 신앙생활처럼 쉬운 것이 없다. 먹고 사는 문제, 건강 문제, 자녀 문제, 장래 문제 등 모든 문제를 주님께 맡기고 살 수 있다. 마음이 매우 평안하고 기쁘다.

(유기성, 내 안에 계신 예수님과의 행복한 동행(넥서스 2009), p.177)

말씀의 꽃 · 나만의 일독 큐티

말씀의 열매 · 기도 제목

10월

20

돌아온 탕자

일독 성경 누가복음 15장 11–24절(누가복음 13–15장 中)

말씀의 씨앗

씨앗말씀 · 오늘 내게 심어진 한 절 말씀

아버지에게 두 아들이 있습니다. 작은 아들이 아버지에게 권리를 주장하며 받게 될 유산을 지금 달라고 요구합니다. 아버지는 허락합니다. 아들은 재산을 받고 멀리 떠납니다. 그러나 그곳에서 방황하고 방탕하며 돈과 시간을 허비하고 거지 꼴이 되어 한 집의 종으로 들어가지만 먹을 것도 넉넉히 받지 못합니다. 돼지가 먹는 쥐엄 열매를 먹으려 하지만 그것조차 구박을 받습니다. '내가 아버지 집의 종이 되면 이것보다는 낫지 않겠나?' 다시 뵐 면목은 없지만 용기를 내어 아버지께 돌아옵니다.
'아버지 나를 종의 하나로 써 주십시오.' 그러나 아버지는 돌아온 아들을 보며 새 옷을 입히고 잔치를 벌입니다.

그것이 아버지의 마음입니다. 그리고 이것이 바로 하나님의 마음입니다. 우리가 다시 하나님께로 돌아오면 하나님은 너무나 기뻐하십니다. 비록 방황하다가 돌아왔다 할지라도 돌아온 우리를 사랑하십니다.

예수님께서 오신 것은 잃은 양을 찾으러 오신 것입니다. 모두가 하나님의 것입니다. 하나님께 돌아와야 합니다. 지금은 세상에 빠져 모르지만 진정한 즐거움은 아버지 안에 있습니다. 날마다 찾으시는 하나님의 음성을 듣고 전하는 삶이 되기를 소망합니다.

말씀의 가지

OMF의 싱가폴 훈련원 책임자인 오가와상을 만날 기회가 있었다. 그가 간증을 들려줬다. 그는 공학도였다. MIT에서 장학금을 받고 공부할 수 있는 입학 허가를 받았다. 그리고 돌아와 교수가 되는 것까지 정해져 있었다. 그런데 그 사람에게 복음이 도전해 왔다. 그는 고민하고 또 고민하다 누가복음 14장 26절 말씀 앞에 머리를 숙였다는 것이다. 그 날따라 자기 영혼을 울렸다고 했다. 그래서 모든 것을 포기하고 선교사로 떠나게 되었다. 그것이 그때 당시 15년 전의 일이었고, 그때 인도네시아로 가게 되어 선교사의 삶을 시작하게 되었던 것이다. 내 시간 중의 일부, 내 재물의 십일조를 바치는 정도가 아니라 내 생애 전체를 하나님께 바치는 것, 이것이 바로 갇힌 자의 생활이다. 갇힌 자의 모습이다. 하늘의 비밀 때문에 하나님을 위해 일하겠다고 결단한 사람들의 후예들이다.

(하용조, 하나 됨의 열망(두란노 1999), p.148)

말씀의 꽃 · 나만의 일독 큐티

말씀의 열매 · 기도 제목

10월

21

낮은 자는 높아지리라

일독 성경 누가복음 18장 9–17절(누가복음 16–18장 中)

말씀의 씨앗

씨앗말씀 · 오늘 내게 심어진 한 절 말씀

예수님의 비유 속에서 두 사람이 기도하러 성전에 올라갔습니다. 한 사람은 바리새인이고 한 사람은 세리였습니다. 바리새인은 서서 따로 기도하되 "나는 다른 사람과 다릅니다. 죄를 짓지 않고 또한 세리와도 다릅니다. 나는 일주일에 두 번씩 금식하고 십일조도 꼭 드립니다." 당시 바리새인은 율법을 잘 준수하고 회중의 지도자 역할을 하였습니다. 그러나 그것이 순수한 동기가 아닌 권력 유지의 방편이 되고 사람들에게 보이고 나타내기 위한 것이 되면서부터 순수함이 없어졌습니다. 그러나 오히려 함께 간 세리는 가슴을 치며 통곡하면서 "나는 죄인입니다. 하늘도 감히 보지 못하겠습니다"라고 회개하며 고백합니다. 예수님께서는 이 두 사람 중 죄인이지만 회개하는 세리를 자신이 거룩하다고 드러내는 바리새인보다 의인이라고 말씀하십니다.

"자기를 낮추는 자는 높아지고 자기를 높이는 자는 낮아지리라."

부모들이 어린아이들을 데리고 예수님께 오려 하자 제자들이 막았습니다. 예수님은 아이들이 오는 것을 막지 말라고 말씀하셨습니다. 그리고 하나님의 나라가 어린아이와 같은 사람의 것임을 가르쳐 주셨습니다. 하나님의 나라는 어린아이와 같이 순수한 마음이 있어야 합니다. 어린아이들은 있는 그대로 꿈꿉니다. 아이들에게 앞으로의 꿈을 써 보라고 하면 대통령을 서슴없이 씁니다. 어떤 아이는 리타이어라고 씁니다. 아마 부모님이 말하는 것을 들었을 것입니다. 그대로 믿는 것입니다. 천국은 이처럼 지식이 아닌 순수한 믿음을 통해 소유하게 됩니다. 오늘 하루도 순수한 믿음과 겸손한 마음으로 승리하는 하루가 되기를 소망합니다.

말씀의 가지

겨자씨 [Mustard Seed]

갈릴리 지방에서 특히 많이 자생하는 십자화과 식물(눅 13:19). 씨는 눈에 보이지 않을 정도로 작아서 지극히 작은 것의 대명사로도 언급된다. 그러나 성장하면 키가 4–5m나 되는 특징을 가지고 있다. 또 겨자씨는 영적으로 눈에는 보이지 않지만 점진적으로 그 영역을 넓혀 나가는 하나님 나라에 비유되기도 한다(마 13:31–32, 17:20; 눅 17:6). 검은색의 열매는 음식 맛을 내는 데 훌륭한 조미료로 사용된다.

(라이프 성경 사전(생명의말씀사 2006), 겨자씨)

말씀의 꽃 · 나만의 일독 큐티

말씀의 열매 · 기도 제목

10월

22

삭개오의 고백

일독 성경 누가복음 19장 1–10절(누가복음 19–21장 中)

말씀의 씨앗

씨앗말씀 · 오늘 내게 심어진 한 절 말씀

여리고성에 삭개오라는 사람이 살았습니다. 그는 세리였습니다. 그가 예수님이 여리고성을 지나가신다는 소식을 들었습니다. 예수님을 한 번 보고 싶은데 키가 작아 볼 수가 없었습니다. 그래서 미리 지나가는 길목에 있는 뽕나무에 올라가 기다렸습니다. 키가 작은 사람은 많았습니다. 그리고 예수님을 보고 싶어 하는 사람도 많았습니다. 그러나 눈앞의 뽕나무에 오른 사람은 바로 삭개오였습니다. 우리는 오르지 않고 바라기만 할 때가 많습니다. 오늘 올라야 합니다. 기도해야 합니다. 예배드려야 합니다.

예수님께서 삭개오를 보시고 부르셨습니다. 그는 급히 내려와 예수님을 자신의 집으로 모셨습니다. 그리고 예수님께 "소유의 절반을 가난한 자들에게 나누어 주고 누구의 것을 속여 빼앗은 일이 있다면 4배를 갚겠습니다"라고 하였습니다. 그때 예수님께서 이 집에 구원이 이르렀으니 이 사람도 아브라함의 자손이라고 말씀하셨습니다. 말로만 고백하는 것이 아니라 행함으로 증거될 때 능력이 나타납니다. 그리고 온 집이 구원의 기쁨을 누리게 됩니다.

오늘 가장 큰 축복은 어제까지 거두었던 물질이 아니라 이 시간 임하신 하나님의 은혜입니다. 그 은혜를 누리는 삶이 되기를 소망합니다.

말씀의 가지

예수님께선 하나님 나라를 가르쳤다. 예수님의 공생애 첫 가르침은 갈릴리에서 외치신 말씀(막 1:15)에서 알 수 있다. 예수님은 하나님의 나라를 가르치면서 인간을 새로운 삶, 즉 성숙한 삶의 세계로 부르셨다. 이런 성숙한 삶은 예수님의 교훈을 접한 사람들이 뉘우침과 깨달음, 회개의 과정을 통해 하나님 나라에 대한 새로운 소망을 가지고 시작되는, 다시 태어난 성숙의 삶을 의미한다. 이런 일들은 요한복음 3장에 나타난 니고데모와의 만남에서도 나타나고 있으며, 누가복음 19장에 삭개오와의 만남에서도 나타난다. 삭개오는 예수님의 가르침을 받고 뉘우치고 깨달았으며 회개하고 새로운 사람이 되었다. 하나님의 나라에 적합한 성숙한 사람으로 태어난 것이다. 오늘 우리들의 교육에 대한 재조명과 반성의 출발점을 여기에서 찾아야 한다.

(박시원, 십자가를 잃어버린 교회(울림사 2002), p.133)

말씀의 꽃 · 나만의 일독 큐티

말씀의 열매 · 기도 제목

10월 23

그러나 이제는

일독 성경 누가복음 22장 35-46절(누가복음 22-24장 中)

말씀의 씨앗

씨앗말씀 · 오늘 내게 심어진 한 절 말씀

예수님께서 마지막 만찬을 마치시고 제자들에게 말씀하십니다. "너희가 전대와 주머니와 신발도 없이 나갔을 때 부족한 것이 있더냐?" 그들이 없었다고 대답합니다. 이에 예수님께서 계속 말씀하십니다. "그러나 이제는 전대와 주머니를 갖고 겉옷을 팔아서라도 검이 없는 자는 준비해야 한다." 지금까지와 달라진다는 말씀입니다.

예수님을 믿는다는 이유로 핍박을 받는 시대가 오게 됩니다. 그렇다고 물러나거나 멈추어 있을 순 없습니다. 이것은 이 시대를 살아가는 우리에게 하시는 말씀입니다. 지금까지 환영받으며 사명을 감당했다면 이젠 직접 물질도 준비하고 스스로 보호하며 사역을 해야 한다는 의미입니다. 영적으로 강하게 무장해야 한다는 의미도 됩니다.

두 사람이 검이 두 개가 있다고 다시 대답하자 예수님께서 족하다고 말씀하십니다. 그것이 완전하다는 것은 아닙니다. 오히려 확실히 마음과 생각을 준비하라는 것입니다. 그러면서 진정한 준비는 기도임을 다시 보여 주십니다. 습관을 따라 감람산에 올라가 기도하실 때에 시험에 들지 않게 너희도 기도하라고 하십니다. 그리고 땀방울이 핏방울처럼 보이기까지 열심으로 기도하십니다.

"아버지의 뜻이라면 이 잔을 옮겨주십시오.
그러나 내 원대로 마시고 아버지의 뜻대로 하옵소서!"

기도를 마치고 내려오셨을 때에 잠든 제자들에게 다시 말씀하십니다. "시험에 들지 않게 깨어 있으라." 그러나 예수님이 잡히실 때 모든 제자들이 도망갔습니다. 베드로는 부인하며 저주하기까지 하였습니다. 자기가 살기 위하여 복음을 위해 애쓰는 사람을 모함하는 경우가 있습니다. 시험에 들어 도망가는 제자와 같은 모습입니다.

예수님께서 이 시대 모든 사람들에게 말씀하십니다. "시험에 들지 않게 기도하라."

결단으로 되지 않습니다. 경험으로도 되지 않습니다. 사람의 힘으로 하려던 사람들은 다 넘어졌습니다. 그러나 기도하는 사람은 이겨 냅니다. 거짓으로 기도하는 사람이나 사람에게 보이려는 사람이 아닙니다. 오직 진실함으로 하나님의 뜻을 간구하는 사람에게 나타납니다.

이 시대는 시험에 들지 않게 기도해야 하는 시대입니다. 남이 잘하도록 판단하기 이전에 내가 시험에 들지 않게 기도해야 합니다. 예수님 말씀대로 기도로 승리하는 삶이 되기를 소망합니다.

말씀의 꽃 · 나만의 일독 큐티

말씀의 열매 · 기도 제목

10월 24

가나의 혼인 잔치

일독 성경 요한복음 2장 1-11절(요한복음 1-3장 中)

말씀의 씨앗

씨앗말씀 · 오늘 내게 심어진 한 절 말씀

예수님께서 초청을 받아 제자들과 가나의 한 혼인 잔치에 가십니다. 예수님의 어머니 마리아도 참석하여 돕습니다. 그러나 잔치가 채 끝나기도 전에 그만 포도주가 떨어졌습니다. 어머니 마리아가 포도주가 떨어졌다고 예수님께 말하자, "나와 무슨 상관이 있습니까? 아직 때가 아닙니다." 그러나 마리아는 하인들에게 예수님이 말씀하는 대로 하라고 명합니다. 예수님께서 손 씻는 물을 담는 항아리에 물을 채우 후 그 물을 떠서 가져다주라고 하십니다. 사람의 상식으로는 도저히 이해가 되지 않습니다. 하인들은 포도주를 원하는 손님들에게 물을 떠다 주어 혼이 날 수도 있었습니다. 그러나 순종하였습니다. 가져다주자 물이 포도주가 되었습니다. 그리고 더 좋은 것을 어찌 나중에 내놓느냐는 말을 듣습니다. 하인들은 모든 일이 예수님이 행하신 줄 알고 있었습니다.

예수님께서 행하시면 물이 변하여 포도주가 됩니다. 우리에게 요청되는 것은 순종입니다. 예수님 말씀대로 순종하면 모든 것을 변화시키시고 응답하십니다.
이 놀라운 능력이 첫 표적이 됩니다. 이때부터 제자들이 믿고 따르기 시작합니다.

하나님의 나라는 말에 있지 않고 능력에 있음을 알게 됩니다.
매일 "해야지 해야지" 말만 하는 것이 아니라 행할 때에 능력이 됩니다. 믿음의 증거가 나타납니다. 오늘 하루의 삶이 순종함으로 응답받는 삶이 되기를 소망합니다.

말씀의 가지

창세기 1장에 보면 태초에 하나님이 '빛이 있으라' 하시매 빛이 있었다. 이 빛은 예수님 안에 감추어진 빛이다. 또 요한복음 1장 4절에 보면 '그 안에 생명이 있었으니 이 생명은 사람들의 빛이다'라는 말씀이 나온다. 다시 말해 예수님의 생명은 곧 빛이다. 그래서 예수님을 만난 사람들, 예수님을 영접한 사람들에게는 이 하나님의 생명이 들어가게 된다. 생명이 그 영혼에 넘쳐흐르기 시작한다. 생명의 빛이 태양처럼 그 영혼에 비취면 음지가 양지가 된다. 축축하고 곰팡이가 피고 벌레들이 우글거리던 곳에 따뜻한 태양이 내리쬐기 시작하는 것이다. (중략) 그런데 예수님을 만나지 못한 이들, 심지어 교회에 나온다 해도 예수님을 만나지 못한 사람들은 에베소서 4장 17-18절 말씀처럼 마음이 허망해지고 총명이 어두워지고 생각이 굳어지고 무지해져서 하나님의 생명에서 이탈되어 있다.

(하용조, 하나됨의 열망(두란노 1999), p.248)

말씀의 꽃 · 나만의 일독 큐티

말씀의 열매 · 기도 제목

10월
25
오병이어

일독 성경 요한복음 6장 1-15절(요한복음 4-6장 中)

말씀의 씨앗

씨앗말씀 · 오늘 내게 심어진 한 절 말씀

예수님께서 디베랴의 갈릴리 바다 건너편으로 가실 때 제자와 무리들이 따릅니다. 당시 유월절이 얼마 남지 않은 시기였습니다. 사람들이 모여 허기질 무렵 예수님께서 빌립에게 시험하여 물으십니다. "어디서 떡을 사서 이 무리를 먹일까?" 이에 빌립이 대답합니다. "이백 데나리온의 떡이 부족할 만큼 사람들이 있습니다." 그때 안드레가 이야기합니다. "예수님 어린아이에게 보리떡 다섯 개와 물고기 두 마리가 있습니다. 이것으로 어떻게 할 수 있을까요?" 예수님께서 그것을 받아 축사하시고 나누라 하시자 그곳에 모인 오천 명이 떼어 먹고 남은 떡 조각이 열두 광주리나 되었습니다. 사람들이 이 표적을 보고 예수님은 진정한 선지자라고 말합니다. 예수님께서 행하실 때에 작은 것을 가지고도 놀라운 일이 만들어집니다. 비록 지금은 작고 연약할지라도 예수님을 의지하면 모든 것을 채우고도 남습니다.

사람들은 예수님을 억지로라도 잡아 왕으로 삼기를 원합니다. 그것을 아시고 예수님께서는 오히려 홀로 산에 오르셨습니다. 사람은 인기와 명예와 물질을 찾아다니지만, 예수님은 오히려 그 모든 영광을 하나님께 돌려드리고 자신은 홀로 기도의 자리를 찾으십니다. 기도하면 반드시 응답하십니다. 성공합니다. 채워집니다.
그러나 그것은 모두 하나님의 영광을 나타내기 위한 것입니다. 우리가 누리고 자랑할 것은 아무것도 없습니다. 날마다 오병이어의 기적을 맛보며 더욱 겸손함으로 기도하는 삶이 되기를 소망합니다.

말씀의 가지

예배는 하나님을 향한 인간의 사랑과 헌신을 보여 주는 최고의 표현이다. 요한복음 4장 24절에서 예수님이 하신 말씀은 우리의 영이 하나님의 영과 연결될 때, 그리고 진정으로 하나님을 만나 하나님의 사랑과 은혜와 희생을 기릴 때, 가장 참된 예배가 이루어진다는 사실을 보여 준다. 그런 예배는 언제 어디서나 가능하다. 그리고 어떤 자세나 모습으로도 가능하다. 대부분의 사람은 종종 예배를 마지못해 거쳐야 하는 의식 정도로 느낀다. 영과 영이 만나는 참된 예배를 위해 하나님이 당신 안에서 역사해 주시기를 기도하라. 영적으로 성숙해지면, 예배는 당신의 삶에서 놓칠 수 없는 중요한 한 부분으로 자리를 잡게 될 것이다.

(토머스 넬슨, 여성을 위한 100일 묵상(넥서스 2009), p.45)

말씀의 꽃 · 나만의 일독 큐티

더 생각해 보기

1. 왜 예수님께서 빌립을 시험하셨을까?(5–6절)
2. 빌립은 시험에 통과하였는가? 그렇지 않다면 이유는 무엇인가?
3. 왜 예수님께서 남은 조각을 거두게 하셨을까?(11–13절)
4. 사역을 마치신 후 산으로 혼자 떠나신 이유는 무엇일까?(15절)
5. 내가 빌립이었다면 예수님의 시험에 통과했을까? 지금 나의 믿음의 상태는 어떠한가?

10월 **26**

배에서 생수의 강이 흘러나리라

일독 성경 요한복음 7장 37-44절(요한복음 7-9장 中)

말씀의 씨앗

씨앗말씀 · 오늘 내게 심어진 한 절 말씀

명절 끝 날 사람들이 많이 모였습니다. 그들을 향해 예수님께서 말씀하십니다. "누구든지 목마르거든 내게로 와서 마시라." 사람이 가지고 있는 영혼의 목마름을 이야기합니다. 사람은 재산의 있고 없고, 지위의 높고 낮음을 떠나서 모두 다른 가치관과 기준을 가지고 있습니다. 그래서 만족이 없고 바라던 것이 이루어지면 또 다른 바람이 생깁니다. 이것이 욕심이 되면 추악해지고 비굴해집니다.

그러나 예수님께서 말씀하십니다. "내게로 오면 배에서 생수의 강이 흘러나오리라." 영혼을 채우는 만족은 외부에서 오는 것이 아니라 내 안에 있습니다. 주신다고 하신 것이 바로 내 안에 있다는 것을 알게 하시는 것입니다. 그리고 이것을 다시 성령이라고 말씀하십니다. 예수님이 하늘에 오르실 때에 대신하여 오실 성령을 말씀하셨습니다. 그리고 마가의 다락방에 임하셔서 이후로 약속하신 역사를 나타내십니다. 오늘 본문은 말씀하실 당시는 믿음으로 오실 것을 기대하는 것이었다면 지금 세대는 이미 약속대로 오신 성령을 내 안에서 찾는 것입니다. 사람을 의지하거나 기대하지 않고 오직 성령 안에서 새 힘을 얻는 것입니다. 이것이 믿음의 사람들의 능력입니다. 이것이 예수님의 이름을 의지하는 능력입니다.

비록 고난과 역경이 온다 해도 그것이 생명의 길이기에 그곳에서 견딥니다. 예수님이 십자가를 끝까지 참아 내신 것과 같이 인내로 열매를 얻게 됩니다. 이제는 목마름이 아닌 채워진 물을 나누는 삶이 되기를 소망합니다. 하나님의 뜻이 이루어지는 삶은 오직 예수 이름의 권세에 있습니다.

말씀의 가지

초막절 [Feast of Booths]

수장절이라고도 하며, 유월절 및 칠칠절(맥추절, 오순절)과 함께 이스라엘의 3대 절기이다(출 34:22). 절기를 축하하는 동안 장막집에서 살던 그들의 습관에서 나왔으며, 선조들이 40년 동안 장막에서 살며 방랑하던 유목생활을 기억하여 기념하는 절기이다. 유대력으로 티쉬레이 달(Tishrei; 태양력의 9–10월에 해당)의 15일(추분일에 가까운 보름달)부터 1주간 지켜졌는데, 첫날과 마지막 날에는 성회가 열렸다. 농사력이 끝나는 가을에 지켜졌다.

(네이버 지식백과 http://terms.naver.com, 초막절)

말씀의 꽃 · 나만의 일독 큐티

말씀의 열매 · 기도 제목

10월

27 같은 장소 두 생각

일독 성경 요한복음 12장 1-8절(요한복음 10-12장 中)

말씀의 씨앗

씨앗말씀 · 오늘 내게 심어진 한 절 말씀

유월절이 이르기 6일 전에 베다니에 이르십니다. 마리아가 순전한 나드 한 근을 가져다가 예수님의 발에 붓고 자기 머리털로 닦으니 향유 냄새가 집에 가득하게 됩니다. 값비싼 향유였지만 예수님을 사랑하는 마음으로 아낌없이 드립니다. 그때 옆에 있던 가룟 유다가 말합니다. "이것을 삼백 데나리온에 팔아 가난한 사람을 도와주는 것이 더 옳았을 것이다." 그러나 이렇게 말함은 그가 헌금을 도둑질하는 까닭이었습니다. 예수님께서 말씀하십니다. "가만 두어라. 그가 나의 장사를 예비하는 것이다. 가난한 자들은 항상 너희와 있지만 나는 그러하지 않다." 한 장소에 있었지만 두 사람은 전혀 다른 모습을 보여 주었습니다. 마리아는 자신의 것을 아낌없이 예수님을 사랑함으로 드렸습니다. 그러나 가룟 유다는 자신의 것을 챙기지 못해 분노하였습니다.

이기적으로 나를 채우려 할 때에 시험에 들게 됩니다. 그리고 결국 사탄에게 이용당하게 됩니다. 그러나 내 것을 드리게 될 때에 우리는 더 큰 기쁨을 누릴 수 있게 됩니다. 감사와 헌신이 있는 곳에 진정한 행복이 있기 때문입니다. 예수님의 제자로 매일 말씀을 들어도 그것을 듣는 것은 우리의 영혼입니다. 영혼에 담지 않으면 다른 것이 담아집니다. 날마다 조건이 아닌 영적으로 승리하는 삶이 되기를 소망합니다.

말씀의 가지

기적 자체가 믿음으로 이끌진 않는다. 예를 들면, 죽은 이가 다시 살아난 기적이 있다. 요한복음 11장에 죽은지 나흘이 지난, 나사로를 살리신 사건이 기록되어 있다. 모든 사람들이 죽은 이를 회생시킨 기적을 보고 예수님을 믿었을까?

항상 그런 것은 아니었다. 11장 45–46절에 나와 있다. 기적 자체보다는 그것이 담고 있는 메시지를 발견한 이들만이 믿음을 가질 수 있다는 것을 알 수 있다. 기적의 유익을 과장하는 것은 문제가 있다. 그렇다고 기적을 무시하거나 멸시하는 것 또한 문제이다. 만약 기적을 경험하게 되면 그것에 근거해서 믿으라고 권하고 있기도 하다. "내가 아버지 안에 거하고 아버지는 내 안에 계신 것을 믿으라. 그렇지 못하겠거든 행하는 그 일로 말미암아 나를 믿으라(14:11)." 요한복음에서 가르치듯 기적에 대한 균형 잡힌 시각을 갖는 것은 중요하다.

(박성민, 완전 소중한 선물(순출판사 2011), p.162)

말씀의 꽃 · 나만의 일독 큐티

말씀의 열매 · 기도 제목

10월

28

길과 진리와 생명

일독 성경 요한복음 14장 1-14절(요한복음 13-15장 中)

말씀의 씨앗

씨앗말씀 · 오늘 내게 심어진 한 절 말씀

"너희는 마음에 근심하지 말라." 십자가를 앞두고 예수님께서 제자들에게 하신 말씀입니다. 가장 힘드실 분이 오히려 위로하고 계십니다. 이것이 바로 사랑입니다. 자신의 죽음 앞에서도 제자들을 생각하시는 마음… 그러나 제자들은 그 앞에서 실망하고 있습니다. 그래서 도마가 여쭈어 봅니다. "아버지께 가서 처소를 예비하시는 그 길이 어디입니까?" 그때 예수님께서 대답하십니다.

"내가 곧 길이요 진리요 생명이다."

예수님만이 그 일을 행하시고 그 길에 생명이 있음을 알려 주십니다.

그러나 제자들은 마치 화가 난 것처럼 빌립을 통해 다시 묻습니다. "보여 주십시오." 그때 예수님께서 말씀하십니다. "내가 지금까지 보여 주지 않았느냐? 나를 보면 아버지를 본 것이요 믿지 못하겠거든 내가 행한 일을 기억하라." 이것이 예수님의 마음입니다. 예수님은 우리를 끝까지 사랑하십니다. 그리고 또 약속하십니다.

"내 이름으로 구한 모든 것을 아버지의 영광을 위하여 행하리라."

우리가 예수님의 이름으로 기도할 수 있는 것은 예수님의 생명으로 바꾸어주셨기 때문입니다. 함부로 기도할 수 없습니다. 성의 없이 소홀하게 할 수 없습니다. 우리의 기도에는 예수님의 생명이 담겨 있습니다. 믿음으로 승리하는 삶이 되기를 소망합니다.

말씀의 가지

유대인들은 십계명을 포함해서 율법에서 연유된 6백 개가 넘는 계명을 가지고 있다. 예수는 새 계명을 다시 말한다. "나는 여러분에게 새 계명을 줍니다. 서로 사랑하시오. 내가 여러분을 사랑한 것처럼 여러분도 서로 사랑하시오. 여러분이 서로 사랑을 나누면 모든 사람이 그것을 보고 여러분이 내 제자라는 것을 알게 될 것입니다"(요 13:34-35). 지금 여기, 우리 눈앞에, 내 앞에 있는 사람을 사랑하라는 것이다. 미루지 말라는 것이다. 자신이 보인 사랑을 본받아 그렇게 사랑하라는 것이다. 사랑 없이 예수를 따르는 사람은 위험하다. 이웃을 내 몸과 같이 사랑할 뿐 아니라, 원수를 사랑하고 우리를 저주하는 사람들을 위해 축복 기도를 해야 한다. 사랑 없는 기독교, 사랑 없는 교회는 예수와 아무 상관없는 종교다. 기독교인은 많아도 예수의 제자가 드문 이유는 '서로서로' 사랑하지 않기 때문이다.

(김진, 통째로 예수 읽기(왕의서재 2011), p.357)

말씀의 꽃 · 나만의 일독 큐티

말씀의 열매 · 기도 제목

10월 29

보라 내가 세상을 이기었노라

일독 성경 요한복음 16장 25-33절(요한복음 16-17장 中)

말씀의 씨앗

씨앗말씀 · 오늘 내게 심어진 한 절 말씀

"이제 내가 비유로 말하지 않고 직접 밝히 말하겠노라.
그날에 너희가 내 이름으로 구할 것이요.
내가 하나님으로부터 직접 왔고 아버지께서 친히 너희를 사랑하시리라."

우리가 예수님의 이름으로 구할 때에 예수님이 중재자가 되셔서 하나님께 직접 구하고 받을 수 있게 되었습니다. 이제는 제사장에게 대신 죄를 위한 제사를 부탁하는 것이 아니라 하나님께 직접 회개하고 다시 성결함을 입게 됩니다. 예수님이 말씀하십니다. "내가 하나님께로부터 왔고 하나님께 돌아가노라." 하나님으로 직접 오셨다는 이야기를 비유가 아니라 직접 말씀해 주시자 제자들이 이제 알겠다고 대답합니다. 예수님께서 다시 말씀하십니다.

"이제 너희가 믿느냐? 보라. 너희가 나를 버리고 흩어지는 때가 올 것이다.
그러나 나는 혼자가 아니라 아버지께서 함께하여 주신다.
이것을 너희에게 이르는 것은 내 안에서 평안을 누리게 하려 함이라.
세상에서 너희가 환난을 당하나 담대하라. 내가 세상을 이기었노라."

우리가 홀로 있다고 생각될 때에 믿음의 기도를 통하여 알게 됩니다. 말씀의 능력을 통하여 깨닫게 됩니다. 하나님은 늘 우리와 함께하고 계심을 알게 하십니다. 이제는 예수님의 이름을 선포하며 나아가는 것이 승리입니다. 두려움이 아닌 담대함으로 승리하게 됩니다. 마지막 호흡이 끝나는 그날까지 우리는 혼자가 아닙니다.

말씀의 가지

마태복음이 유대인의 왕으로 오신 예수님, 마가복음이 종으로 오신 예수님, 누가복음이 인자로 오신 예수님의 모습을 묘사하고 있다면, 본서는 예수 그리스도의 신적 성품을 강조한다는 측면에서 앞의 공관복음과는 큰 차이가 있다. 하지만 이런 딱딱하고 심오한 주제도 예리한 통찰력과 탁월한 영성을 발휘하여 짧고 명쾌한 필치로 선포하고 있다는 점에 본서의 묘미가 있다. 대부분의 학자들은 사도 요한이 밧모 섬에 유배되기 전(A.D. 95년경)에 본서를 기록한 것으로 본다. 그러나 공관복음서(마태, 마가, 누가복음)보다는 후대일 것으로 보는 것이 정설이다. 그렇다면 본서 저작 연대는 대략 A.D. 80-90년일 것으로 추정된다.

(라이프 성경사전(생명의말씀사 2006), 요한복음)

말씀의 꽃 · 나만의 일독 큐티

말씀의 열매 · 기도 제목

10월

30

닭이 울더라

일독 성경 요한복음 18장 19-27절(요한복음 18-19장 中)

말씀의 씨앗

씨앗말씀 · 오늘 내게 심어진 한 절 말씀

대제사장들이 예수님을 잡아놓고 가르치신 교훈에 대하여 묻습니다. 예수님께서 말씀하십니다. "지금까지 한 번도 비밀로 하지 않고 회중에서 말하였거늘 왜 다시 묻느냐?" 그때 아랫사람 하나가 예수님을 손으로 치며 감히 대제사장에게 이렇게 하느냐고 꾸짖습니다. 예수님께서 말씀하십니다. "내가 잘못하였으면 너는 그것을 증거하였을 것이다. 그러나 없기 때문에 치는구나!" 이후 안나스가 결박한 상태로 예수님을 대제사장 가야바에게 보냅니다. 그때 베드로가 예수님의 잡혀가심을 좇아 계속 뒤따르고 있었습니다. 불을 쬐고 있을 때 어떤 이가 묻습니다. "너도 예수의 제자가 아니냐?" "아니라." 대제사장의 종 중에 베드로가 귀를 벤 말고의 친척이 묻습니다. "너도 예수의 제자가 아니냐?" "아니라." 베드로는 또 부인합니다. 그리고 그때 닭이 웁니다. 예수님께 절대로 부인하지 않겠다고 했던 약속은 깨지고 말았습니다. 베드로는 자신의 약속이 깨어진 그 자리에서 무너지고 말았습니다.

우리의 삶에 얼마나 많은 순간 죄를 멀리하겠다는 결단과 서원이 깨지고 있습니까? 그러나 하나님의 사랑이 필요한 이유는 그 연약함 때문입니다. 베드로의 연약함을 논하는 사람도 결국 연약함을 가지고 있습니다. 우리에게 필요한 것은 그런 우리를 인정하고 예수님께 드리는 것입니다. 그때에 우리를 위해 물으실 것입니다.

"…너는 나를 사랑하느냐?"

우리의 평생의 고백이 예수님을 사랑하는 고백이 되기를 소망합니다.

말씀의 가지

예수께서 잡히시어 빌라도 총독에게 넘겨져 병정들에게 매를 맞고 가시관과 자색 옷을 입고 군중 앞에 끌려 나왔다. 이때 빌라도는 예수님의 무죄함을 인정하고 군중의 동정을 얻어 석방하고자 하였으나 성난 군중들이 십자가에 못 박으라고 외치니 그들의 반란이 두려워 예수님을 내주었다. 나사렛 예수 유대인의 왕(요 19:19) 예수께서 달리신 십자가의 머리 부분에 붙여진 죄 표로서 히브리어와 희랍어로 표시되었다고 한다. 예수를 유대인의 왕이라고 하는 것은 예수께서 빌라도의 '그러면 네가 왕이 아니냐'라고 묻는 말에 '네 말과 같이 내가 왕이니라'고 대답한 데서 나온 말인데, 그들은 '왕'의 참뜻을 이해하지 못하였다. (중략) 예수가 자신을 왕이라고 한 것은 하늘나라의 왕이란 뜻이다.

(신상훈, 성경의 즐거움(스타북스 2006), p.355)

말씀의 꽃 · 나만의 일독 큐티

말씀의 열매 · 기도 제목

10월

31 나를 만지지 말라

일독 성경 요한복음 20장 11-18절(요한복음 20-21장 中)

말씀의 씨앗

씨앗말씀 · 오늘 내게 심어진 한 절 말씀

예수님이 십자가에 달려 죽으시고 돌무덤에 옮겨졌습니다. 마리아가 무덤 밖에 서서 울면서 몸을 구부려 안을 들여다보니 예수님이 계시지 않았습니다. 오히려 흰 옷 입은 두 천사가 예수님이 누우셨던 머리 편과 발 편에 앉아 있습니다. 천사들이 어찌하여 우느냐고 묻습니다. 마리아는 내 주가 어디 계신지 알지 못한다고 대답합니다. 뒤에 서 계신 예수님을 보지 못하였기 때문에 한 대답입니다. 이제는 예수님이 물으십니다. "어찌하여 우는가?" 마리아는 동산지기인줄 알고 당신이 예수님을 데려갔다면 알려 달라 합니다. 그때 예수님께서 "마리아야!" 부르시니, 그제야 "예수님이십니까?" 라고 다시 묻습니다. "나를 만지지 말라. 내가 아직 아버지께 올라가지 못하였노라. 이제 내가 올라간다." 이에 마리아가 제자들에게 가서 이 사실을 알립니다.

사람들에게 보이고 나타내고 만지고 높이는 것이 아닌 오직 하나님께 민저 모든 영광을 돌려드리는 모습이 바로 마지막까지 성도의 본을 보이신 예수님의 모습입니다.
우리는 조그만 성과만 있어도 보여 주고 만지게 합니다. 그러나 예수님은 하나님을 바라보고 끝까지 순종하셨습니다. 날마다 예수님의 거룩한 신앙의 태도를 지켜나가는 삶이 되기를 소망합니다.

말씀의 가지

저자가 본서를 기록한 의도는 "예수께서 하나님의 아들 그리스도이심을 믿게 하려 함이라"(요 20:31)는 말씀 가운데서 분명히 나타나고 있다. 사도 요한이 에베소에서 본서를 기록할 당시 소아시아 일대에는 영지주의가 만연해 있었다. 이는 헬라 철학과 동양의 이교 사상, 애굽과 인도, 페르시아의 이원론적 우주론에 유대교까지 가미된 그야말로 혼합주의적인 종교였다. 심지어는 이 사상에 기독교적 색채까지 가미되어 새로운 종교 체계를 갖추고 있었다. 그래서 이들은 영은 선하고 물질은 악하다 하여 영과 육신을 분리하는 이원론을 주장하였고 예수 그리스도 역시 신으로서의 존재는 인정하지만 성육신 자체는 부인하였다. 이런 사조로 인해 당시 교회들은 많은 혼란에 사로잡혀 있었다. 이런 배경에서 사도 요한은 본서를 통해 예수 그리스도의 신성과 인성을 분명하게 가르치고 동시에 예수님이 하나님의 아들이요 그리스도이심을 증거하여 성도들로 하여금 이단 사설에 미혹되지 않고 영생을 얻게 하기 위해 본서를 기록하게 되었다.

(라이프 성경사전(생명의말씀사 2006), 요한복음)

말씀의 꽃 · 나만의 일독 큐티

말씀의 열매 · 기도 제목

날짜 . . .

주일 설교 노트

날짜 . . .

날짜 . . .

주일 설교 노트

날짜 . . .

11월

축복

bless

사도행전 1장 - 골로새서 4장

JUM 성경읽기표

• 11월 •

1	사도행전 1-3장	
2	사도행전 4-6장	
3	사도행전 7-9장	
4	사도행전 10-12장	
5	사도행전 13-15장	
6	사도행전 16-18장	
7	사도행전 19-21장	
8	사도행전 22-23장	
9	사도행전 24-25장	
10	사도행전 26-28장	
11	로마서 1-3장	
12	로마서 4-6장	
13	로마서 7-9장	
14	로마서 10-13장	
15	로마서 14-16장	
16	고린도전서 1-4장	
17	고린도전서 5-7장	
18	고린도전서 8-10장	
19	고린도전서 11-13장	
20	고린도전서 14-16장	
21	고린도후서 1-4상	
22	고린도후서 5-7장	
23	고린도후서 8-10장	
24	고린도후서 11-13장	
25	갈라디아서 1-3장	
26	갈라디아서 4-6장	
27	에베소서 1-3장	
28	에베소서 4-6장	
29	빌립보서 1-4장	
30	골로새서 1-4장	

11월

1

내 증인이 되리라

일독 성경 사도행전 1장 6–11절(사도행전 1–3장 中)

말씀의 씨앗

씨앗말씀 · 오늘 내게 심어진 한 절 말씀

예수님께서 부활하셔서 제자들에게 나타나셨습니다. 제자들이 물었습니다. "이스라엘 나라를 회복하심이 이때니이까?" 예수님께서 대답하셨습니다. "때와 기한은 아버지께서 자기 권한에 두셨으니 너희의 알 바 아니다." 우리는 헛된 것에 호기심을 가지고 집착할 때가 많이 있습니다. 그러나 하나님께서 해 주심을 믿음으로 고백할 때에 우리가 진정으로 해야 할 일이 무엇인지 깨닫게 됩니다.
예수님은 말씀하셨습니다.

"오직 성령이 너희에게 임하시면 너희가 권능을 받고 예루살렘과
온 유대와 사마리아와 땅 끝까지 이르러 내 증인이 되리라."

우리의 삶의 목표도 사명도 바로 증인이 되는 삶입니다. 이 말씀을 하시고 예수님께서 하늘로 올라가셨습니다. 그 모습을 보고 있는 제자들에게 흰옷 입은 두 사람이 말합니다. "어찌하여 서서 하늘을 보고 있느냐? 올리우신 모습 그대로 오시리라." 이제 우리의 할 일은 말씀하신 대로 순종하여 전하는 일입니다. 오신 모습 그래도 임하실 예수님을 증거하는 것입니다. 매일의 삶이 증거자의 사명을 감당하는 삶이 되기를 소망합니다.

말씀의 가지

사도행전(使徒行傳, Acts of the Apostles)은 예수가 승천한 이후 사도들의 행적을 기록한 책이다. 초기 교회의 예수 운동을 이해할 수 있는 성서이다.
사도행전의 저자에 대해서는 두 가지 견해가 있다. 하나는 누가가 쓴 문서라는 견해로서 이를 지지하는 성서학자들은 누가복음서와 사도행전을 누가의 서신으로 이해한다. 즉, 누가는 데오빌로에게 보낸 복음서인 누가복음서에서는 예수의 복음과 행적을 기록하고, 사도행전에서는 예수 운동이 어떻게 진행되었는가를 기록하고 있다. 두 번째 견해는 저자 미상이라는 견해이다. 대부분의 학자는 첫 번째 견해를 택한다.
사도행전은 80년에서 85년경 사이나 85년에서 90년에 쓰인 것으로 추정된다. 즉, 바울의 사후에 쓰인 신약성서이다.

(위키백과, https://ko.wikipedia.org/wiki/사도행전)

말씀의 꽃 · 나만의 일독 큐티

더 생각해 보기

1. 때와 시기를 알기를 바라는 사람의 마음속에는 어떤 생각이 들어 있기 때문일까? 나는 어떠한가?(6–7절)
2. '땅 끝까지'는 어디까지를 의미하는가?(8절)
3. 나는 내가 서 있는 곳에서 복음의 증거를 전하고 있는가?
4. 혹시 하늘 위를 바라보고만 있지는 않은가?(10–11절)

11월

2 아나니아와 삽비라

일독 성경 사도행전 5장 1–11절(사도행전 4–6장 中)

말씀의 씨앗

씨앗말씀 · 오늘 내게 심어진 한 절 말씀

아나니아와 삽비라가 헌금을 하기로 하나님 앞에 약속하였습니다. 그러나 소유를 팔아서 그 중 얼마를 숨긴 후 나머지를 가져왔습니다. 사도들의 발 앞에 헌금을 두었을 때에 베드로가 이야기합니다. "아나니아야, 어찌하여 사탄이 네 마음에 가득하여 성령을 속이고 땅 값 얼마를 감추었느냐? 땅도 헌금도 중요한 것이 아니라 네가 하나님께 거짓말한 것이로다." 아나니아가 이 말을 듣고 엎드러져 혼이 떠납니다. 세 시간 후에 그의 아내 삽비라가 돌아와서 이 일을 알지 못하고 똑같이 말합니다. "네가 어찌하여 남편과 같이 하나님을 속이려 하느냐?" 베드로가 말하자마자 삽비라 역시 그 자리에서 죽습니다.

이 일로 교회가 크게 두려워합니다. 하나님께서 싫어하시는 것은 거짓입니다. 하나님은 받기만을 좋아하시는 분이 아닙니다. 중심을 보시고 사랑하시는 분이십니다. 믿음으로 정직과 성실함을 드리는 삶이 되기를 소망합니다.

말씀의 가지

하나님께서 온 인류를 죄에서 구원하시기 위해 당신의 독생자 아들 예수 그리스도를 세상에 보내어 죽게 하셨다. 누구든지 이러한 하나님의 역사를 믿고 받아들이기만 하면 구원을 받는다. 로마서 10장 12절을 보면 "누구든지 주의 이름을 부르는 자는 구원을 얻으리라"는 말씀이 있다. 사도행전 4장 11절은 예수 외에는 "구원을 얻을 만한 다른 이름을 우리에게 주신 일이 없다"고 말한다. 구원은 어떤 개념이나 사상이 아니다. 그러므로 말이나 글로는 이해하지 못한다. 구원은 체험되어야 한다. 그래서 하나님께서는 예수 그리스도의 십자가의 놀라운 구원의 소식을 듣고 믿는 자마다 구원받는다는 사실을 알게 하시려고 한 사람을 택하여 시범을 보여 주셨다. 그가 바로 아브라함이다. 그는 25년이 걸렸다. 그가 75세에 믿음의 삶을 시작해서 믿음의 절정에 이른 나이는 백 세였다. 백 세에 그는 믿음을 얻었다. 믿음의 삶이란 내가 믿겠다고 되는 것이 아니다.

(하용조, 너는 복의 근원이 될지라(두란노 1999), p.12)

말씀의 꽃 · 나만의 일독 큐티

말씀의 열매 · 기노 제목

11월

3

스데반의 죽음

일독 성경 사도행전 7장 54-60절(사도행전 7-9장 中)

말씀의 씨앗

씨앗말씀 · 오늘 내게 심어진 한 절 말씀

스데반이 담대히 예수 그리스도를 증거합니다. 이에 무리들이 마음이 찔려 스데반을 죽이려고 합니다. 그러나 스데반은 두려워하지 않습니다. 하늘을 우러러 하나님의 영광과 그 우편에 계신 예수님을 봅니다. 그리고 증거합니다. "하나님 우편에 예수님이 계신 것을 보라." 이것은 사실이었고 믿음의 눈으로 본 것입니다.

그때 사람들이 기회를 잡아 성 밖으로 내치고 옷을 벗겨 사울 앞에 놓습니다. 그리고 돌로 스데반을 칩니다. 스데반은 "내 영혼을 받으시옵소서!"라고 말하며 오히려 더 하나님을 찾습니다. 그리고 예수님처럼 "이 죄를 그들에게 돌리지 마옵소서!"라고 기도합니다. 결국 스데반은 죽임을 당합니다. 이로써 사람들은 승리한 것처럼 생각합니다. 그러나 이 사건과 함께 하나님은 사울을 등장시키십니다. 이 사울이 바로 이후에 사도 바울입니다.

하나님은 순교자의 피를 값지게 만드십니다. 그리고 하나님의 일은 없어지지 아니하고 점점 더 강하게 일어납니다. 사람의 방법으로는 생각도 할 수 없는 것을 이루어주십니다. 스데반과 같이 순교 앞에서도 당당한 삶이 되기를 소망합니다.

말씀의 가지

이곳은 저곳으로 가기 위해서 준비하는 곳이다. 돌에 맞아 죽으면서도 웃는 사람이 있었다. 신약성경 사도행전 7장에 나오는 스데반 집사이다. 잘못이 있어 돌을 맞은 것이 아니다. 죄를 지어 죗값으로 죽은 것도 아니다. 바르게 살고 옳은 일을 했는데, 버림받아 사람들이 던지는 돌무더기 속에서 피 흘리며 죽어간 것이다. 그러나 스데반은 억울해하거나 분내지 않았다. 왜냐하면 죽음은 끝이 아니라 새로운 시작임을 믿고 있었기 때문이다. 세상살이를 억울하게 생각하지 말자. 분하게 여기지도 말자. 다음 세상이 기다리고 있다. 나그네는 이곳에서 저곳을 준비하는 사람이다. 풍랑 많은 세상을 나그네로 살아가자.

(정영진, 사람이 모이는 리더 사람이 떠나는 리더(리더북스 2006), p.183)

말씀의 꽃 · 나만의 일독 큐티

말씀의 열매 · 기도 제목

11월

4

잡아 먹으라

일독 성경 사도행전 10장 9-23절(사도행전 10-12장 中)

말씀의 씨앗

씨앗말씀 · 오늘 내게 심어진 한 절 말씀

하나님이 환상 가운데 고넬료에게 말씀하십니다. "베드로에게 가서 청하라."
고넬료의 하인들에게 이 일을 지시합니다. 고넬료도 베드로도 그 이름이 기록되어 있지만, 그렇지 않은 고넬료의 하인들은 밤새도록 베드로에게 가서 일을 감당합니다. 이름도 빛도 없이 그 일을 감당합니다. 하나님의 일은 이처럼 보이지 않는 곳의 헌신으로 말미암아 나타납니다. 그들이 도착할 무렵 베드로는 지붕에서 기도하고 있었습니다. 도중에 시장해 음식을 부탁하고 다시 기도하는데 환상 중에 큰 보자기 같은 그릇이 하늘로부터 내려오는 걸 봅니다. 그 속엔 네 발 달린 짐승과 새와 기는 것들이 있습니다. 율법에 먹지 말라고 금한 음식들입니다. 하나님의 음성이 잡아먹으라고 말씀하십니다. 베드로는 유대인으로서 부정한 것을 먹지 않겠다고 합니다. 이에 하나님께서 내가 성결하게 한 것을 부인하지 말라 말씀하십니다. 세 번 반복하고 하늘로 올라갑니다. 그리고 고넬료의 하인들이 도착합니다. 성령께서 음성 가운데 그들을 맞이할 것을 지시하십니다. 베드로는 세 번이나 거절했고 깨닫지도 못하고 있었지만 성령에 순종할 때 깨닫게 됩니다. "아! 이들을 맞이하라는 말씀이셨구나!"

우리가 아무리 선한 일을 할지라도 하나님의 음성 없이 한다면 실수하게 됩니다.
방황할 수도 있습니다. 그러나 하나님의 음성은 바른길로 인도하십니다. 하인들의 순종과 베드로의 영적인 귀와 고넬료의 신실한 삶이 오늘 놀라운 일을 만들어 낸 것입니다. 하나님의 섭리로 날마다 승리하는 삶이 되기를 소망합니다.

말씀의 가지

고넬료 [Cornelius]

'뿔'이란 뜻. 이방인으로서 하나님을 경외한 로마 군대의 백부장(행 10:1,28). 가이사랴에 주둔하던 이달리야 대(부대)의 지휘관으로서, 기도와 구제로 하나님과 이스라엘 백성들에게 의로운 자로 인정받던 인물이다. 그는 환상을 통해 하나님의 계시를 받고 당시 욥바에서 복음 사역을 하던 사도 베드로를 초대하여 말씀을 듣는 중 성령을 받았고, 이때 온 가족과 더불어 세례를 받았다(행 10:3-48). 학자들은 그를 이방인 최초의 기독교 개종자요, 세례자로 보기도 한다. 한편, 사도 베드로 역시 고넬료 가정의 복음화를 기점으로 이방인 전도의 기틀을 마련하게 된다(행 10장).

(라이프 성경사전(생명의말씀사 2006), 고넬료)

말씀의 꽃 · 나만의 일독 큐티

말씀의 열매 · 기도 제목

11월

5

사람의 평가 하나님의 계획

일독 성경 사도행전 15장 36-41절(사도행전 13-15장 中)

말씀의 씨앗

씨앗말씀 · 오늘 내게 심어진 한 절 말씀

바나바는 바울의 사역의 시작을 도와준 사람입니다. 누구보다 사도 바울을 사랑으로 부르고 함께 하였습니다. 그러나 선교 여행을 다시 출발하기 전 의견이 충돌합니다. 바나바는 마가를 데리고 가고자 했지만, 바울은 중간에 한 번 이탈한 적이 있는 마가를 팀에 넣는 것이 옳지 않다고 합니다.

결국 그러한 이유로 둘은 심하게 다투게 됩니다. 표면상으로 보면 사랑이 없는 것 같고 또한 영적인 지도자 둘이 다투는 것이 마치 타락한 것처럼 보입니다. 그러나 바나바는 마가를 데리고 구브로로 가고 바울은 실라를 택하여 수리아와 길리기아로 떠납니다. 하나님의 일은 이처럼 팀을 이루어 행하게 하십니다.

때로는 다툼이 있기도 합니다. 그러나 그 다툼의 이유도 중심도 하나님 앞에 있을 때에 표면에는 문제가 있는 것 같고 때로는 실수 투성이인 것 같지만 결국 이 일을 통해 사도 바울은 사도 바울의 사명을, 그리고 바나바는 바나바의 사명을 감당하며 복음의 역사가 더 풍성해집니다. 우리의 성품도 실수도 연약함도 모두 사용하시는 하나님을 신뢰함으로 언제나 승리하는 삶이 되기를 소망합니다.

말씀의 가지

수리아 안디옥교회는 하나님의 뜻과 성령님의 지시에 절대복종하는 교회였다. 사도행전 13장 2절을 보면 수리아 안디옥교회는 담임목사 격인 바나바와 부목사 격인 바울을 선교사로 파송하기로 결정한다. 금식기도 후에 이 두 사람을 선교사로 파송하라는 기도 응답을 받은 것이다. 교회 운영상 담임목사를 선교사로 파송하면 문제가 많이 생길 거라 생각해 반대하는 사람들이 있을 법도 한데 반대하거나 반란을 일으킨 사람들이 없었다. 수리아 안디옥교회 성도들은 이해가 안 되더라도 순종했다. 하나님께 절대복종했던 것이다.

(박용규, 하나님을 웃게 하는 깡통교회(넥서스 2011), p.30)

말씀의 꽃 · 나만의 일독 큐티

말씀의 열매 · 기도 제목

11월

6

아볼로의 이김

일독 성경 사도행전 18장 24-28절(사도행전 16-18장 中)

말씀의 씨앗

씨앗말씀 · 오늘 내게 심어진 한 절 말씀

알렉산드리아에서 난 아볼로라는 유대인이 에베소에 이르렀습니다. 그는 학문이 깊고 성경에 능한 사람이었습니다. 예수에 관한 것을 자세히 가르쳤습니다. 그러나 요한의 세례만 알고 가르쳤습니다. 그가 회당에서 가르칠 때에 브리스길라와 아굴라가 그를 보고 데려다가 하나님의 도를 더 자세히 풀어 가르쳐줬습니다.

이후 아볼로가 다시 아가야로 건너가서 전하기 시작하였습니다. 그가 더 자세히 배워 더욱 힘 있게 전하니 믿는 형제들에게 더 큰 힘이 되었습니다. 성경을 가지고 그리스도가 예수님이라고 전하니 유대인 중에 말씀으로 이길 사람이 없었습니다.

말씀이 곧 능력입니다. 세상 지식으로 할 수 없는 그것을 하나님은 말씀을 통해 알려주십니다. 아볼로가 자신의 지식에 머물지 않고 믿음의 동역자들에게 겸손히 배우고 나아가자 더욱 힘 있게 복음 증거의 통로로 쓰임 받게 되었습니다.

하나님의 역사는 이렇게 말씀을 통하여 이루어짐을 보게 됩니다. 날마다 말씀으로 승리하는 삶이 되기를 소망합니다.

말씀의 가지

사도행전 14장의 배경인 루스드라 지역이 농경지대라면 17장의 배경인 아덴은 문명의 중심지라는 특성을 갖고 있다. 누가는 당시 문화와 지성의 중심지인 아덴과 정치와 경제의 중심지인 로마에 복음을 선포하는 바울의 모습을 부각시키고 그 열매를 거두었음을 밝힘으로(17:34, 28:31) 복음의 세계화를 희망적으로 예표하고 있다고 보기도 한다. 비록 사도행전이 바울의 선교에 있어서 부수적인 자료일지라도, 이방인들에게 복음을 전한 기록을 담고 있는 이 두 가지 사건은 바울의 타문화권 선교에 있어 훌륭한 자료라고 할 수 있다. 특히 17장 16-34절에 나타난 아덴에서의 사역은 기독교 신앙을 이방 문화와 철학에 접목시키고 복음을 현장화한 대표적인 경우이다.

(조은식, 삶에서 찾는 문화선교(숭실대학교출판부 2009), p.38)

말씀의 꽃 · 나만의 일독 큐티

말씀의 열매 · 기도 제목

11월

7

죽을 것도 각오하였노라

일독 성경 사도행전 21장 7-14절(사도행전 16-21장 中)

말씀의 씨앗

씨앗말씀 · 오늘 내게 심어진 한 절 말씀

바울의 삶은 언제나 복음을 증거하였고 동역자들과 함께 하였습니다. 돌레마이에 이를 때엔 형제들에게 안부를 묻고 가이사랴에 이르러 빌립의 집에 머물게 됐습니다. 당시 빌립의 집에는 딸이 넷이 있었는데 모두 예언의 은사를 가지고 있었습니다.
여러 날 머무는 동안에 아가보라 하는 선지자가 방문하였습니다. 그리고 바울의 띠로 자신을 묶고 바울이 이방인에게 넘겨지게 될 것이라고 예언하였습니다. 이에 사람들이 예루살렘으로 올라가지 말라고 간곡히 말합니다. 그때 사도 바울이 대답합니다.

"나는 주 예수의 이름을 위하여 결박당할 뿐 아니라
예루살렘에서 죽을 것도 각오하였노라."

저들이 권함을 받지 않자 "주의 뜻대로 이루어지리이다." 하고 말을 그칩니다.
믿음의 사람은 자신의 소신을 위해서가 아니라 하나님이 주신 사명을 감당하는 것에 죽기를 각오한 사람입니다. 사도 바울이 하나님 앞에 쓰임 받은 이유가 바로 이것입니다. 죽기를 각오하고 하나님 앞에 나아갔을 때에 그를 통하여 수많은 영혼들이 살아났습니다.
예수님의 십자가를 통하여 온 인류가 구원의 길을 허락받은 것처럼 예수님의 이름을 증거하는 일에 목숨을 다할 때에 역사가 일어납니다. 매일 죽기를 각오한 신앙의 결단으로 승리하는 삶이 되기를 소망합니다.

말씀의 가지

에베소 [Ephesus]

'바람직한'이란 뜻. 소아시아 서부 해안에 위치한 이오니아 주의 수도며 당시 최대의 상업 및 교통 중심지였고(행 19:1; 계 2:1), 철학과 문화와 예술의 도시로서 세계 7대 유물에 속하는 아데미의 신전과 극장이 있었다. 하지만 소아시아 대륙 서쪽 돌출부인 카이스테르 강 하구에 위치했던 에베소는 신약 시대에 접어들면서 점차 지난날의 영화를 잃어갔다. 이유는, 무분별한 삼림의 벌채 때문이다. 당시 도시의 번창으로 많은 땔감(숯)과 목재가 필요했고, 더욱이 과도한 육류 소비로 인한 지나친 방목이 문제가 되었던 것이다. 이 때문에 헐벗은 산 위의 흙은 비가 오면 흘러내려 시내를 수렁으로 만들었고, 폭우 때는 진흙이 그대로 바다로 흘러들어가 결국 항구를 메워 버렸다. 지난날 에베소 항구의 흔적은 현재의 항구에서 약 10.2㎞ 내륙에서 발견된다고 한다. 그리고 한때 광활한 만이었던 곳, 바울 시대에는 항구와 해로가 발달되었던 곳이 갈대가 무성한 습지로 변하고 만 것이다.

(라이프 성경사전(생명의말씀사 2006), 에베소)

말씀의 꽃 · 나만의 일독 큐티

말씀의 열매 · 기도 제목

11월

8

로마 시민권

일독 성경 사도행전 22장 22-29절(사도행전 22-23장 中)

말씀의 씨앗

씨앗말씀 · 오늘 내게 심어진 한 절 말씀

사도 바울이 스데반의 죽음과 자신의 부르심에 대해 설교합니다. 그때 유대인들이 바울을 죽이려고 달려듭니다. 옷을 벗어 던지고 티끌을 날리며 극도의 분노를 표현합니다. 그때 천부장이 바울을 끌어내어 영문을 알고자 합니다. 채찍질로 그 내용을 실토하게 만들려고 하자 바울이 말합니다. "너희는 로마 시민을 죄도 정하지 않고 때리기부터 하느냐?" 천부장이 놀라며 묻습니다. "네가 로마 시민이냐?" 바울이 말합니다. "그러하다." 천부장이 다시 말합니다. "나는 큰 돈을 주고 샀도다." 바울은 이야기합니다. "나는 태어나면서부터 로마 시민이노라." 신문하려던 사람들이 물러가고 천부장도 그 결박했던 것을 인하여 두려워합니다.

사도 바울은 지금까지 자신의 유익을 위하여 신분을 사용하지 않았습니다. 그러나 지금은 복음을 전도하기 위하여 이것을 사용합니다. 자신의 신분과 지식을 모두 배설물로 여기고 복음을 증거하기 위하여 모든 힘과 정성을 쏟는 삶으로 살아갑니다. 이것을 통해 자신이 놓임을 받기 위해서 뿐만 아니라 다시 복음을 증거할 기회를 얻고 또한 로마에 이르기까지 말씀에 순종하기 위하여 사용합니다.

세상 속에서 승리하는 것은 나의 명예가 아닌 나를 통한 하나님의 뜻이 증거되는 것입니다. 날마다 승리하는 삶이 되기를 소망합니다.

말씀의 가지

벨릭스 총독 [Felix]

'행복'이란 뜻. 로마 황실 노예에서 총독에까지 오른 입지전적인 인물이다. 유대의 11대 로마 총독인 안토니우스 벨릭스(A.D. 52-60년경). 그는 사도 바울이 마지막으로 예루살렘을 방문하여 체포되었을 때의 총독으로서 바울이 무죄하다는 사실을 알면서도 유대인의 환심을 사고, 또 행여 뇌물이라도 얻을 심산으로 2년간 바울을 감금한 바 있다(행 24:26-27). 벨릭스는 세 명의 아내를 두었는데 그중 하나는 헤롯 아그립바 2세의 누이 드루실라다(행 24:24). 그는 돈과 색욕을 즐기며, 탐욕스럽고 잔혹한 폭군으로 평가되고 있다(Tacitus). 말년에 가이사랴 유대인들에 의해 고소되어 로마로 압송되었고, 그의 후임에는 유능한 베스도 총독이 지명되었다.

(라이프 성경사전(생명의말씀사 2006), 벨릭스 총독)

말씀의 꽃 · 나만의 일독 큐티

더 생각해 보기

1. 바울이 히브리 말로 변명을 시작할 때 왜 다들 조용했는가?(2절)
2. 왜 사람들이 화를 내기 시작했는가?(22-23절)
3. 바울은 왜 자신의 신분을 지금껏 숨기고 있었는가?(25절)
4. 리더들이 왜 바울을 갑자기 두려워하기 시작했는가?(25-29절)
5. 나는 어디에 속한 사람이며, 무엇을 위해 살고 있는가?

11월 9

사람의 마음을 얻고자 하면

일독 성경 사도행전 24장 19-27절(사도행전 24-25장 中)

말씀의 씨앗

씨앗말씀 · 오늘 내게 심어진 한 절 말씀

바울이 벨릭스 총독 앞에서 이야기합니다. "내가 잘못된 것이 있다면 공회에서 말할 때 이미 일이 일어났을 것입니다. 그러나 아무말도 안 하다가 이렇게 애매히 송사하며 나를 구속하였으니, 이것은 옳지 않은 것입니다. 내가 외치는 것은 죽은 자의 부활에 대한 이야기로 범죄가 아닙니다." 벨릭스가 이 도에 대하여 더 잘 알고 있었기에 천부장이 오면 처리하겠다고 하며 바울을 구류합니다. 그러나 자유롭게 지낼 수 있도록 만들어 줍니다. 수일 후 유대인 아내 드루실라와 함께 바울을 부르고 예수 그리스도에 대한 진리를 듣습니다. 심판과 구원과 천국의 복음을 듣습니다. 두려움이 생기고 그 안에 믿음이 생깁니다. 그러나 돈을 얻고자 하는 마음으로 자주 불러 이야기합니다. 이태를 지나 베스도로 총독이 바뀔 때에 유대인의 마음을 얻고자 충분히 바울을 풀어줄 수 있음에도 풀어주지 않고 다음 사람에게 일을 넘깁니다.

벨릭스는 기회를 가졌었습니다. 감옥을 지킨 간수가 구원을 얻은 것처럼 하나님께서 그에게 기회를 주셨지만 결국 바울을 죄인으로 넘기고 맙니다. 그는 돈을 원했고 사람들의 인심을 바랐기 때문입니다. 하나님을 바라보는 것이 이처럼 어렵고 힘겨운 일입니다. 그러나 하나님은 세상의 어떤 것과도 비교할 수 없는 은혜이며 능력입니다. 모든 것을 잃어도 믿음 만큼은 지켜 나가는 삶이 되기를 소망합니다.

말씀의 가지

상소 [Rechtsmittel, 上訴]
법관의 판단은 항상 정당하다고만 생각할 수 없으므로, 당사자에게 상급법원의 재판을 받을 기회를 준 것이다. 상소는 미확정의 재판에 대하여 하는 것이므로, 미확정 재판에 대한 게 아닌 재심의 소나 형사소송에서의 비상상고는 상소가 아니다. 또 상급법원에 대한 것이므로 같은 심급 내에서의 이의는 상소가 아니다.
상소는 재판의 확정을 방지하는 효력(차단적 효력)과 사건 자체가 상급법원으로 옮겨지는 이심의 효력을 지닌다. 현행법상 종국판결에 대한 상소로는 항소 · 상고가 있고, 판결 이외의 재판(결정 및 명령)에 대하여서는 항고 · 재항고 · 특별항고가 인정되고 있다.

(네이버 백과사전 http://terms.naver.com, 상소)

말씀의 꽃 · 나만의 일독 큐티

말씀의 열매 · 기도 제목

11월

10

폭풍 속의 배

일독 성경 사도행전 27장 9-26절(사도행전 26-28장 中)

말씀의 씨앗

씨앗말씀 · 오늘 내게 심어진 한 절 말씀

사도 바울이 배를 띄우는 것을 막습니다. 그러나 백부장이 선장과 선주의 말을 듣고 그냥 배를 띄웁니다. 항해를 시작하자 남풍이 순하게 불었습니다. 그거 보라고 아무 일이 없지 않냐고 자신하며 즐거워합니다.

그러나 얼마 못되어 '유라굴로'라는 광풍이 밀려옵니다. 배가 바람에 밀려 더 이상 앞으로 나갈 수가 없어집니다. 가우다라는 작은 섬 아래로 지나 어렵게 풍랑 속에서 항해를 합니다. 이튿날 애쓰다가 결국 짐을 다 버리며 배가 침몰되는 것을 방지합니다. 사흘이 되도록 폭풍 속에서 어려움을 당하자 이제 다 포기해 버립니다. 오랜 굶주림으로 허기지고 자포자기 상태에 있을 때 사도 바울이 말합니다. "떠나지 아니하면 좋을 뻔하였도다. 그러나 두려워 말라. 하나님께서 내가 가이사 앞에 서야 겠기에 이 항해를 보호하신다고 하셨노라. 나는 하나님을 믿노라." 선포한 대로 배가 한 섬에 이르르게 됩니다. 하나님의 사람은 위기를 피할 수 있는 분별력을 갖습니다. 그리고 위기 속에서도 기도로 승리합니다.

우리의 인생이 실수한다 할지라도 때로는 풍랑 속에 힘겹다 할지라도 오직 하나님의 뜻을 좇아 나아갈 때에 순종의 승리를 허락하여 주십니다.

말씀의 가지

바울을 호송하는 알렉산드리아 배에 276명이 타고 가다가 지중해 한복판에서 '유라굴로'라는 태풍을 만나게 되었다. 배에 탄 사람들은 당황했고 선원들은 놀라서 배에 있는 물건을 모두 버리기도 했지만 결국 "구원의 여망마저 없어졌다"라고 여기고 배와 생명을 포기할 마음을 먹었다. 그러나 바울은 이렇게 말했다. "내가 너희를 권하노니 이제는 안심하라. 너희 중 생명에는 아무 손상이 없겠고 오직 배뿐이리라(행 27:22)." 바울이 이렇게 말할 수 있는 근거는 다른 것이 아니다. 27장 25절 "나는 내게 말씀하신 그대로 되리라고 하나님을 믿노라"는 말씀처럼 오직 믿음의 힘 때문이다. 그리고 바울의 말대로 276명, 한 사람도 상함이 없이 다 구조를 받게 된다. 담대함은 믿음의 힘 때문이었다. 죽는 그 위급함 속에서도 하나님께서 역사하실 것을 기대하는 믿음이 있었기 때문에 그에 따른 행보를 할 수 있었다. 우리 또한 믿음 안에서 흔들리지 않는 평안과 담대함을 가져야 한다.

(김학중, 영적 자존심을 회복하라(넥서스 2010), pp.196–197)

말씀의 꽃 · 나만의 일독 큐티

말씀의 열매 · 기도 제목

11월

11 믿음으로 얻는 의

일독 성경 로마서 3장 19-31절(로마서 1-3장 中)

말씀의 씨앗

씨앗말씀 · 오늘 내게 심어진 한 절 말씀

모든 사람이 죄로 인해 하나님의 영광에 이르지 못하게 됐습니다. 아무리 우리가 영광을 올려드려도 받지 않으시면 드릴 수 없습니다. 진흙에 빠진 빵을 그냥 먹을 수 없는 것처럼 성결함이 없이 거룩한 하나님 앞에 나아갈 수 있는 존재는 없습니다. 스스로 죄를 사할 수 있는 사람은 없습니다. 지금까지 베푼 선은 정상 참작은 되겠지만 죄를 사해 주는 힘은 되지 못합니다. 그러나 예수님이 허락하시사 우리로 값없이 의롭다하심을 주시고 하나님 앞에 나아갈 자격도 주셨습니다. 값이 없다는 것은 공짜라는 말이 아니라 우리의 힘으로는 도저히 감당할 수 없다라는 의미입니다. 하나님의 전적인 은혜로 말미암아 하나님께 영광을 돌려드릴 수 있습니다.
이것을 'Sola Gratia Sola Deo Gloria'라고 합니다. 오직 은혜로 오직 하나님의 영광을 나타낸다는 의미입니다.

그러나 조건이 있습니다. 씨앗을 심어야 싹이 나고 나무가 자랍니다. 씨앗을 심는 것은 사람의 노력이 필요합니다. 나무가 자라는 것은 전적인 은혜입니다. 씨앗은 바로 믿음입니다. 씨앗 자체는 사람이 만들지 못합니다. 생명은 하나님 손에 있습니다. 그러나 심는 것은 사람의 수고가 필요합니다. 모든 일에 믿음의 씨앗을 심어야 자라나 나무가 되고 열매가 열립니다. 그래서 이런 믿음을 'Sola Fide'라합니다. 오직 믿음. 그래서 오직 믿음으로 오직 하나님의 은혜를 통해 오직 하나님의 영광을 나타냅니다. 매일 믿음의 씨앗을 심는 삶이 되기를 소망합니다.

계단을 기어오르면서 그는 생각에 잠겼다. '하나님께서 과연 이런 행위를 기뻐하실까? 이게 성경의 가르침인가?' 그러다 갑자기 떠오른 말씀이 로마서 1장 17절 말씀이었다. 이 말씀이 그의 영혼을 감싸고, 그의 심령을 강타하자 루터는 곧바로 일어났다. 더 이상 자신의 공로와 고행 등이 하나님 앞에서 의롭다함을 받는 조건이 되지 못한다는 것을 깨달은 것이다. "나는 '하나님의 의'라는 표현만은 도무지 이해할 수 없었다. 그것이 하나님께서 의로우시고, 불의한 자들을 심판하심에 있어서 의로우시다는 의미인 줄로 생각했다. … 주야로 그 말씀을 생각하다 드디어 하나님의 의라는 것은 은혜와 긍휼을 통하여 하나님이 주시는 의(복음, 예수)를 의미하는 것이요, 또 우리가 그 의를 믿을 때 하나님이 주시는 의로 말미암아 산다는 것을 깨닫게 되었다. … 사람이 행함으로 구원을 받는 것이 아니라 하나님이 주신 복음! 곧 십자가에서 죽으신 예수를 믿음으로 은혜의 구원을 받는 것을 말한다."

(송삼용, 십자가 영성을 회복하라(넥서스 2010), pp.229–230)

말씀의 꽃 · 나만의 일독 큐티

말씀의 열매 · 기도 제목

11월

12 바랄 수 없는 중에 믿음

일독 성경 로마서 4장 17-25절(로마서 4-6장 中)

말씀의 씨앗

씨앗말씀 · 오늘 내게 심어진 한 절 말씀

믿음을 가지고 싶어도 믿을 대상이 있어야 합니다. 믿을 수 있는 대상은 변함이 없는 것이 중요합니다. 그래서 하나님 외에는 믿음의 대상이 될 수 없습니다. 우리에게 믿음의 대상이 있다는 것이 축복입니다. 아브라함이 믿음의 조상이 될 수 있었던 것은 하나님이 계셨기 때문입니다.

그런데 아브라함은 왜 인정을 받았는가? 그는 바랄 수 없는 중에 바라고 믿었기 때문입니다. 진정으로 하나님이 하시지 않으면 안 되는 상황에서 믿었습니다. 사라의 태가 끊어지고 아브라함은 백 세나 되어 자식을 기대할 수 없었습니다. 그러나 하나님이 주신다는 약속을 믿고 믿음이 약해지지 않았을 때에 믿음으로 자식을 허락받았습니다. 그리고 별과 같이 수많은 믿는 이들의 조상이 되었습니다. 놀라운 사실은 아브라함의 믿음이 위대한 것 같이 예수님을 믿는 우리 모두가 다 동일하다는 것입니다. 아브라함에게 특별히 보여 주신 축복이 신화와 같은 이야기가 아니라 우리에게 허락된 일입니다. 예수님께서 십자가에 달려 죽으시고 부활하신 그 능력으로 허락해 주셨습니다. 아브라함이 하나님의 약속을 믿은 것처럼 우리가 예수님의 이름을 믿기만 하면 동일한 축복을 받습니다. 우리 스스로 해결할 수 없는 죄의 문제도 모두 사해 주시고 의로 여기시며 하나님의 자녀 삼아 주십니다.
바랄 수 없는 중에 믿는 진정한 믿음을 소유하는 삶이 되기를 소망합니다.

말씀의 가지

아브라함을 통하여 이스라엘 민족이 태어나고 이스라엘 자손을 통하여 예수 그리스도의 세계가 시작되었다. 아브라함도 몰랐을 것이고 여러분도 모를 것이다. 그러나 잘 모르지만 믿기만 하면 우리는 그렇게 변한다. 예수님을 열심히 믿고 살다 보면 하나님께서 예비하신 찬란하고 영광스러운 세계를 주신다. 로마서 4장 1–3절을 보라. 아브라함이 하나님을 믿고 순종하여 자식까지 포기하고 바치는 믿음을 보시고 하나님께서 저를 의로 여기신 것처럼, 우리가 죄 없으신 예수 그리스도께서 우리를 위해 십자가에서 피 흘려 돌아가신 사실을 믿음으로써 값없이 은혜로 구원받게 되었다. 구원은 내가 노력해서 얻어지는 것이 아니다. 하나님의 은혜로 주어진다.

(하용조, 너는 복의 근원이 될지라(두란노 1999), p.20)

말씀의 꽃 · 나만의 일독 큐티

말씀의 열매 · 기도 제목

11월
13

비교할 수 없는 영광

일독 성경 로마서 8장 18–27절(로마서 7–9장 中)

말씀의 씨앗

씨앗말씀 · 오늘 내게 심어진 한 절 말씀

"현재의 고난은 장차 올 고난과 족히 비교할 수 없도다." 우리에게 주신 구원의 능력은 세상과 비교할 수 없는 축복입니다. 예수님의 십자가의 고난을 통하여 부활의 영광을 보여 주신 것처럼 인생의 어떠한 어려움 속에서도 천국의 소망은 우리를 살아가게 합니다. 썩어질 것에 종노릇하지 않도록 하나님의 자녀로 삼아 주셨습니다.
이제 우리는 조건으로 행복한 사람이 아니라 하나님 안에서 자유한 사람입니다. 세상이 속이고 유혹해도 하나님 외에는 아무것도 나를 움직일 수 없습니다.
보이는 소망이 소망이 아니다라고 말씀하십니다. 볼 수 있고 내 힘으로 가질 수 있는 것이 아니라 구원의 능력은 오직 예수 그리스도의 이름으로 허락받습니다. 그러나 중요한 것은 이 길을 지켜 내는 모든 어려움 속에서도 인내하고 참아 낼 수 있는 것은 나 혼자 이겨 내는 것이 아니라 성령께서 도우신다고 약속하시기 때문입니다.

우리의 연약함과 무지함을 아시는 성령께서 우리를 위하여 간구하십니다. 성령의 인도하심을 받는 우리는 승리할 수 있습니다. 하나님 뜻대로 우리를 위하여 간구하여 주시기 때문입니다. 어떠한 고난이 와도 넉넉히 이기게 하시는 하나님만을 바라봄으로 승리하는 삶이 되기를 소망합니다.

말씀의 가지

바울 당시 로마에는 자생적으로 생겨난 교회들이 형성되어 있었다. 이 교회들은 예루살렘에 절기를 지키러 갔던 디아스포라 유대인들이 예루살렘에서 복음을 접한 뒤 로마로 돌아와 전도한 결과로 추정된다. 그 과정은 정확지 않지만 아무튼 로마에는 유대 출신 기독교인들이 세운 교회들이 있었다. 그러다 보니 교회의 분위기는 자연스레 율법주의로 흐를 수밖에 없었다. 더욱이 교회에 들어온 이방인들은 기독교와는 무관하게 여전히 그들의 전통적 풍습을 좇고 있었다. 게다가 황제 숭배가 만연한 로마라는 지리적 여건도 교회에 악영향을 미치고 있었다. 이런 상황에서 바울은 제국의 수도 로마를 방문하여 올바른 복음을 전하려 하였다. 하지만 그에 앞서 먼저 서신을 통해 바른 교리, 무엇보다 올바른 구원관을 가르치는 것이 급선무였다. 본서는 이런 상황에서 기독교 핵심 진리인 구원관과 구원받은 성도의 바른 삶에 대해 분명하고도 명쾌하게 제시하고 있다.

(네이버 지식백과 http://terms.naver.com, 로마서)

말씀의 꽃 · 나만의 일독 큐티

말씀의 열매 · 기도 제목

11월

14 무릎 꿇지 아니한 칠천 인

일독 성경 로마서 11장 1-12절(로마서 10-13장 中)

말씀의 씨앗

씨앗말씀 · 오늘 내게 심어진 한 절 말씀

율법의 권위를 강조하는 신앙으로 돌아서고 하나님보다는 다시 자신의 의지를 믿기 시작하려는 유대인들에게 바울은 다시 회복할 것을 이야기합니다. 그리고 그렇게 계속 전통을 강조할 때에는 하나님이 기뻐하지 않으신다고 말합니다.
그러나 아무리 유대인들이 연약하여 넘어진다 하더라도 엘리야 때에 바알에게 무릎을 꿇지 않은 칠천 명을 예비하셨듯이 이 시대에도 하나님의 숨겨진 군사가 있음을 말씀해 주십니다. 이것은 사람의 지혜나 힘이 아닌 전적인 하나님의 은혜입니다.

다윗이 하나님을 떠난 사람은 같은 민족이라도 철저하게 분리하고 저주하는 것과 같이 구별하고 분리한다 할지라도 하나님은 자신의 백성들을 사랑하시고 기다려 주시고 다시 변화되기를 원하십니다.
우리가 판단하는 판단으로 평가되는 것이 아니라 하나님의 기준으로 다시 회복하시고 다시 살리십니다. 우리는 남겨진 자를 기다리는 사람이 아니라 내가 남겨진 자가 되어 세상의 유혹에 넘어가지 않는 순전한 신앙인으로 나아가야 될 때입니다.

말씀의 가지

로마서 10장에 보면 "누구든지 주의 이름을 부르는 자는 구원을 얻으리로다"라고 되어 있다. 그러니까 하나님이 선택한 사람은 누구든지 주의 이름을 부르게 된다고 말할 수 있다. 처음 예수를 믿을 때는 내 힘으로 믿는 것 같다. 그러나 그 모두가 하나님의 선택이었고, 부름이었고, 예정이었음을 나중에서야 알게 된다. 그리스도 안에서. 이것은 사실 은혜와 믿음이라는 표현과 똑같은 말이다. 에베소서 2장에 이 이야기가 나온다. 하나님은 나에게 은혜의 손을 펴시고 믿음의 손을 내미셔서 온전한 구원을 이루신다.

(하용조, 하나 됨의 열망(두란노 1999), p.53)

말씀의 꽃 · 나만의 일독 큐티

말씀의 열매 · 기도 제목

11월 **15**

직고하리라

일독 성경 로마서 14장 1-12절(로마서 14-16장 中)

말씀의 씨앗

씨앗말씀 · 오늘 내게 심어진 한 절 말씀

당시 시장에서 팔던 음식 중에 제사에 쓰이고 남은 음식을 가지고 와서 팔았습니다. 그래서 믿는 자들 사이에 논란이 있었습니다. "이것을 먹어도 되는가? 안 되는가?" 사도 바울은 모든 것을 먹을 만한 믿음이 있으면 먹고 그렇지 않으면 채소만 먹는 것이 옳다고 이야기합니다.

그러나 중요한 것은 내가 먹는다고 안 먹는 사람을 업신여기지 말고 내가 안 먹는다고 먹는 사람을 판단하지 말라는 것입니다. 판단의 기준은 먹는 것이 아니라 하나님을 사랑하는 것에 있습니다. 살아도 주를 위하여 살고 죽어도 주를 위하여 죽는 것, 사나 죽으나 오직 주님의 것임을 인정하고 살아가는 마음의 중심이 중요합니다. 예수님께서 십자가에 죽으시고 부활하심으로 삶과 죽음의 모든 주인이 되셨습니다. 이제 우리가 주의할 것은 다른 사람의 믿음이 아니라 내 믿음입니다.

사람은 누구나 죽으면 심판대 앞에 섭니다. 그리고 그곳에서 모두 하나님 앞에 무릎을 꿇고 우리의 삶을 직고하게 됩니다. 우리가 피하려 해도 피할 수 없습니다.

그러나 우리가 소망을 가지는 것은 예수님의 이름의 권세로 구원을 허락받았기 때문입니다. 하나님 앞에 판단이 아닌 믿음으로 승리하는 삶이 되기를 소망합니다.

말씀의 가지

로마서 기록 장소와 시기

바울 사도가 제3차 선교여행 중 고린도에서 기록한 것으로 보인다. 그 이유로 ① 본서를 로마 교회에 전달한 뵈뵈가 고린도 동편 항구 겐그레아 교인이라는 점(롬 16:1-2), ② 바울이 고린도에서 사역할 때 전도한 가이오가 바울과 함께 있다는 점(롬 16:23; 고전 1:14), ③ 고린도 재무관 에라스도가 바울과 함께 있다는 점(롬 16:23; 딤후 4:20) 등을 들 수 있다. 사도 바울은 A.D. 53년경에 수리아 안디옥에서 3차 선교여행을 시작하여 약 5년 뒤 예루살렘으로 돌아왔다(A.D. 58년경). 이 기간 동안 바울은 에베소에서 3년간 목회하였고(행 20:2-3, A.D. 54-56년경), 그후 마게도냐를 거쳐 고린도에서 대략 3개월 정도 체류하였다(행 20:2-3, A.D. 57년 말). 사도 바울은 이 시기에 본서를 기록한 것으로 보인다.

(라이프 성경사전 (생명의말씀사 2006))

말씀의 꽃 · 나만의 일독 큐티

더 생각해 보기

1. 나는 다른 이를 비판하는 것을 즐겨하는 사람인가?(1절)
2. 비판을 금하시는 이유는 무엇인가?(2-3절)
3. 사람마다 자신만의 가치관과 신앙관을 가지고 있다. 결국 모든 것에서 가장 중요하게 여겨야 할 것은 무엇인가?(6절)
4. 사람들이 서로를 비판하고 업신여기는 이유는 무엇일까?(10절)
5. 마지막 날 심판대 앞에 있는 나의 모습을 상상해 보자.(11-12절)

11월

16 십자가의 능력

일독 성경 고린도전서 1장 18-25절(고린도전서 1-4장 中)

말씀의 씨앗

씨앗말씀 · 오늘 내게 심어진 한 절 말씀

"십자가의 도가 멸망받는 자에게는 미련한 것이지만
구원을 얻은 우리에게는 하나님의 능력이라."

예수님께서 십자가에 달려 죽기까지 사랑하신 사랑은 사람이 보기에는 미련한 방법입니다. 그러나 죄와 사망에 대하여 흠 없으신 예수님의 죽음 외에는 그 대가를 치를 수 있는 사람이 없었기 때문에 담당해 주신 것입니다. 그래서 힘의 원리가 아닌 사랑의 원리로 바꾸어 주셨습니다.

세상을 이기는 것은 하나님의 뜻대로 바꾸는 것입니다. 삶을 바꾸고, 생각을 바꾸고, 태도를 바꾸고, 언어를 바꿔서 오직 하나님의 뜻을 따라 살아가는 것입니다.

유대인들이 표적을 구하고 헬라인들은 깨달음을 즐거워하지만 믿는 우리는 오직 십자가를 기뻐하고 자랑하며 즐거워합니다.

오직 십자가의 능력이 나타나는 삶이 되기를 소망합니다. 하나님의 섭리와 계획은 사람이 측량할 수 없습니다.

말씀의 가지

헬라 최고의 상업 도시요 항구 도시였던 고린도는 물질적으로 번성하였지만 우상 숭배와 도덕적 타락이 만연하여 그 여파가 교회에까지 미쳤다. 그래서 당시 교회들 가운데 가장 말도 많고 탈도 많던 교회가 고린도교회였다. 본 서신은 고린도교회에서 발생하고 있는 제반 문제에 대한 질문을 받고 이를 해결하기 위해 기록한 서신이다. 즉, 그리스도인의 소송 문제, 독신과 결혼 문제, 우상 제물을 먹는 문제, 성만찬의 본질적 의미와 임하는 자세, 성도의 죽음과 부활 등 오늘날 모든 성도들이 궁금하게 여기는 문제와 답변이 본서를 가득 채우고 있다. 이런 점에서 본서는 교회 문제 해결을 위한 답변서라 해도 과언이 아닐 것이다.

(네이버 백과사전 http://terms.naver.com, 고린도전서)

말씀의 꽃 · 나만의 일독 큐티

말씀의 열매 · 기도 제목

11월
17

그리스도의 종이 되라

일독 성경 고린도전서 7장 16-24절(고린도전서 5-7장 中)

말씀의 씨앗

씨앗말씀 · 오늘 내게 심어진 한 절 말씀

남편이 아내를 대신해 구원해 줄 수 없습니다.
아내도 마찬가지입니다. 누구도 이야기할 수 없습니다.
나눠주신 이도 인도하시는 이도 오직 하나님 뿐입니다.

할례나 무할례냐가 유대인들에게는 너무나 중요한 문제였지만
하나님께는 문제가 되지 않습니다.
그것을 명하신 이도 하나님이시기 때문입니다.

하나님의 부르심을 받은 사람은 부르신 하나님의 뜻을 좇으면 됩니다.
하나님께 부르심을 받은 자는 종이라도 하나님 안에서 자유자요,
자유자라도 그리스도의 종임을 말씀하십니다.

우리는 부르신 분의 뜻대로 살아가면 됩니다.
우리를 부르시고 인도하시는 이는
우리를 이용하시는 분이 아니라
우리를 위하여 십자가에 달려 죽으시기까지 사랑하신 분이십니다.
약속을 지키신 분을 믿고 따르는 것은 행복한 일입니다.
날마다 하나님의 신실한 종으로 승리하는 삶이 되기를 소망합니다.

말씀의 가지

바울이 사용한 잠언 구절은 우리에게 "썩은 사과 한 알이 상자 전체를 썩게 만든다"는 미국 속담을 생각나게 한다(고전 5:6-8). 누룩도 반죽 전체의 부패에 대한 은유로서 기능하고 있다는 점에서 유사하다. 마찬가지로 바울은 그 잠언을 유월절 어린양의 비유와 섞어 놓음으로서 누룩의 반대, 이른바 누룩 없는 삶을 환기시키고 있다. 구약성경에서 누룩 없는 빵은 거룩에 대한 강력한 상징이다. 무교절 축제인 유월절 축제 기간 동안 누룩이 든 빵은 집에서 깨끗이 제거되어야 한다(출 12:15-17).

(버나드 스캇, 예수의 비유 새로 듣기(한국기독교연구소 2006), p.54)

말씀의 꽃 · 나만의 일독 큐티

말씀의 열매 · 기도 제목

11월

18 무엇을 먹든지 마시든지

일독 성경 고린도전서 10장 23-33절(고린도전서 8-10장 中)

말씀의 씨앗

씨앗말씀 · 오늘 내게 심어진 한 절 말씀

사람은 모든 것을 자기 마음대로 할 수 있습니다.
그러나 믿음의 사람은 그것을 다 하지 않습니다.
하나님이 기뻐하시는 일을 찾고 믿음으로 인내합니다.
자신의 유익이 아닌 남의 유익을 구하는 일은
세상이 보면 어리석음이나 하나님 안에서는 지혜입니다.

당시 제사에 쓰인 음식으로 인해 갈등이 많았습니다.
그러나 제사의 음식은 그저 음식일 뿐입니다.
내가 거리낌 없이 먹는 것은 아무런 문제가 되지 않습니다.

그러나 보는 이가 시험에 든다면 피해야 할 이유가 됩니다.
내 양심이 판단받는 상황으로 들어갈 이유가 없습니다.

"무엇을 먹든지 마시든지 무엇을 하든지 다 하나님의 영광을 위하여 하라."

교회에 거치는 사람이 되지 말고 덕을 끼치는 사람이 되라는 것입니다.
이렇게 행하는 이유는 단 한 가지입니다.
한 사람이라도 더 구원하기 위한 영혼의 사랑에서 오는 행동입니다.
날마다 나를 돌아보아 덕을 나타내는 삶이 되기를 소망합니다.

말씀의 가지

가룟 유다의 삶을 보며 그와는 대조적으로 끝까지 선한 싸움을 싸우고 믿음을 지켰다고 고백한 사도 바울의 모습(딤후 4장)이 떠오른다. 선한 싸움은 자신과의 싸움이다. 자신을 다스리는 싸움이다. 고린도전서 9장 27절에 표현되어 있는 철저한 자신과의 싸움이다. "내가 내 몸을 쳐 복종하게 함은 내가 남에게 전파한 후에 자신이 도리어 버림을 당할까 두려워함이로다." 금메달을 목표로 올림픽을 준비하는 경기자의 심정으로 자신을 다스리며, 자신이 해야할 것만을 하도록 훈련하기에 전념하겠다는 것이다. 복음을 전하고자 하는 자신의 역할과 연관하여 마치 그렇지 않으면 구원을 잃어버릴 듯한 결연한 자세로 그러한 삶에 임하고 있다는 고백이다.

(박성민, 완전 소중한 선물(순출판사 2011), p.197)

말씀의 꽃 · 나만의 일독 큐티

말씀의 열매 · 기도 제목

11월

19

성령의 은사

일독 성경 고린도전서 12장 1-11절(고린도전서 11-13장 中)

말씀의 씨앗

씨앗말씀 · 오늘 내게 심어진 한 절 말씀

우리는 때로 은사에 대해 편견을 가질 때가 있습니다.
어떤 은사가 다른 은사보다 더 귀하게 보이거나,
어떤 직분이 다른 직분보다 더 높고 중요하다 여길 때가 있습니다.

그러나 신체의 어떤 부위도 다른 부위를 대체할 수 없듯이
직분이나 은사도 각각 받은 자신만의 역할이 있습니다.

예수 그리스도가 머리되시고
우리 모두가 하나의 육체로서
하나의 교회를 이루게 하시는 것은 하나님의 섭리입니다.

머리되신 예수님께 순종하지 않으면 지체로서의 역할을 잃게 됩니다.
그것은 내가 얼마나 능력이 있는가,
혹은 지식과 경험을 가지고 있는가로 정해지는 것이 아닙니다.

오늘의 말씀에서 사도 바울은 신령한 것에 대해 분명히 알기를 원한다고 말합니다.
직분이나 은사는 존재 목적을 잃으면 그 가치를 잃게 됩니다.

직분은 감당해야 할 역할에 따라 받는 **'이름'**일 뿐입니다.

은사는 순종해야 할 사역에 따라 받는 **'선물'**일 뿐입니다.

직분이나 은사는 여러 가지이나
그것을 주시는 이, 그리고 그것을 통해 영광받으실 분은
오직 하나님 한 분 뿐이심을 고백합니다.

오직 하나님의 뜻을 따르기 위해,
함께 동역하는 이들을 섬기고 사랑하기 위해,
우리를 당신의 그릇으로서 온전히 사용하시기 위해
우리에게 허락하신 선물입니다.
날마다 사람을 세우고 섬기는 삶이 되기를 원합니다.

말씀의 꽃 · 나만의 일독 큐티

말씀의 열매 · 기도 제목

11월 **20**

신령한 은사의 목적

일독 성경 고린도전서 14장 7-25절(고린도전서 14-16장 中)

말씀의 씨앗

씨앗말씀 · 오늘 내게 심어진 한 절 말씀

나팔을 정확하게 불지 않으면 전쟁에 나가는 군사가 준비를 할 수 없습니다. 준비도 안 된 상태로 나팔 소리만 듣고 나가야 되는 줄 알고 나갔다가는 패하고 맙니다.
중언부언하는 기도로는 하나님 앞에 나아갈 수 없습니다. 방언을 하면서 알아듣지 못한다면 아무 유익이 되지 않습니다. 초대 교회에 나타났던 성령의 역사가 이 시대에도 하나님의 영광을 위하여 사용됩니다. 그러나 철저히 말씀을 통하여 역사합니다. 그리고 사람의 유익이나 능력의 증거가 아닌 오직 복음증거의 통로로 사용됩니다.
예수님께서 땅 끝까지 이르러 복음을 증거하라고 말씀하실 때 우리에게 이 일을 감당할 만한 은사와 힘을 허락해 주셨습니다. 거짓으로 없는 것을 있는 것처럼 혹은 미혹을 위하여 사용한다면 그것은 죄입니다. 그래서 방언을 하는 것만큼 통역을 위하여 간구하라고 말씀하십니다. 영이 기도하여도 마음이 열매를 맺지 못하기 때문입니다. 영으로 기도하고 마음으로 기도하며 영으로 찬미하고 마음으로 찬미하라고 말씀하십니다.
그러나 가르침을 위해서는 만 마디 방언보다 마음으로 깨달은 다섯 마디가 힘이 있습니다. 우리의 삶 자체가 하나님의 영광을 위하여 살아가기 때문에 진정한 능력은 남에게 없는 은사가 아니라 그리스도 예수 안에서 받은 구원의 능력입니다.
십자가의 사랑입니다. 날마다 하나님이 허락해 주시는 은혜와 은사를 가지고 예수님을 증거하는 삶이 되기를 소망합니다.

말씀의 가지

사도 바울이 고린도교회에 발생한 온갖 문제들을 해결하기 위해 제일 먼저 제시한 것은 십자가의 도이다. '십자가의 도가 멸망하는 자들에게는 미련한 것이요 구원을 받는 우리에게는 하나님의 능력이라'(1:18). 바울은 우리를 위해 고초를 겪고 십자가를 지신 그리스도의 사랑과 희생 정신을 생각한다면 교회 문제는 자연히 해결될 것을 확신했다. 그리고 주님이 몸소 보여 주신 사랑의 본질이 무엇인지 그 유명한 '사랑장'(13장)을 통해 교훈하였다. 그리고 결론부에서 다시 한 번 '깨어 믿음에 굳게 서서'(16:13), '사랑으로 행하라'(16:14)는 말씀으로 당부하였다. 교회 문제, 성도 간의 분쟁을 해결하는 두 가지 근본 원리는 믿음과 사랑이다.

(네이버 백과사전 http://terms.naver.com, 고린도전서)

말씀의 꽃 · 나만의 일독 큐티

말씀의 열매 · 기도 제목

11월

21

용서와 사랑

일독 성경 고린도후서 2장 1-11절(고린도후서 1-4장 中)

말씀의 씨앗

씨앗말씀 · 오늘 내게 심어진 한 절 말씀

고린도전서를 통해 고린도 교인들의 신앙이 많이 회복되었습니다.
다시 음란과 이단을 버리고 믿음을 지켜나가기 시작합니다.
그러자 거짓 교사들이 들어와 바울의 사도권에 대하여 의심하게 만듭니다.
그러나 하나님께서 고린도교회를 지켜 주십니다.

그러한 상황에서 거짓 교사에게 미혹되었던 형제들을 대함에 있어
바울은 더 이상 근심이 아닌 용서와 사랑으로 함께 할 것을 권합니다.

근심을 제하는 것은 결단이 필요합니다.
막연하게 '기쁘다, 행복하다' 말하는 것이 아니라 믿음이 필요합니다.
이제는 벌을 충분히 받았으니 나도 징계하지 않고 용납한다고 말합니다.
그리고 오히려 신앙을 지켜 낸 동료들의 교만을 경계합니다.

내가 지켜 냈다고 다른 사람을 정죄하지 말고
일어났다고 생각할 때에 넘어질까 조심하라는 것입니다.

예수님께서 우리에게 보여 주신 능력은 섬김과 겸손입니다.
내가 지킨 것이 아니라 하나님이 주신 힘을 가지고 인내한 것입니다.
매일의 삶이 하나님의 사랑과 은혜로 한결같은 삶이 되기를 소망합니다.

말씀의 가지

고린도 [Corinth]

'뽈'이란 뜻. 아덴 서쪽 64㎞ 지점, 펠로폰네소스 반도에 위치한 아가야 주의 수도이며 항구 도시. 지중해 연안 국가들의 해상 교통과 무역 중심지였고, 동시에 안전한 항해를 기원하는 각 나라와 민족의 우상들이 총집결한 현란한 우상 도시였다. 한창 번성할 때는 2만 명을 동시에 수용할 수 있는 야외극장이 있었고, 이곳에서 고대 운동 경기 등이 치뤄지기도 했다. 또 고린도에는 대략 1천 명 정도의 신전 여사제(창녀)들을 거느리고 있던 사랑의 여신 아프로디테 신전이 있어 온갖 음행이 자행되기도 했다.

(라이프 성경사전(생명의말씀사 2006), 고린도)

말씀의 꽃 · 나만의 일독 큐티

말씀의 열매 · 기도 제목

11월 22

만지지도 말라

일독 성경 고린도후서 6장 11-18절(고린도후서 5-7장 中)

말씀의 씨앗

씨앗말씀 · 오늘 내게 심어진 한 절 말씀

"우리의 입이 열리고 마음이 열리었으니 심정이 좁아진 것이다."

믿음의 사람들이 가져야 할 태도는 넉넉한 마음의 표현입니다.
인색하거나 욕심으로 가득 차게 되면 믿지 않는 사람들도 또한 함께 믿는 사람들도 실망하게 됩니다. 이것이 하나님의 영광을 드러내는데 방해가 될 수 있습니다.

우리의 마음을 넉넉하게 열어서 함께 하는 이들에게 위로가 되는 것이 중요합니다. 물론 사랑은 베풀되 신앙은 견고히 지켜야 합니다. 우리의 몸이 성전이기 때문입니다. 심지어 부정한 것은 만지지도 말라고 말씀하십니다. 율법을 통해서가 아닌 그리스도 예수의 이름을 통하여 구원을 얻지만 율법의 유익은 우리를 지키는 통로가 될 수 있다는 것입니다. 우리의 삶에서 지켜야 할 것을 알아야 죄가 무엇인지 알고 피하게 됩니다. 구별된 삶을 사는 사람이 하나님의 성전의 사명을 감당할 수 있습니다.

우리가 거룩한 하나님의 통로가 될 수 있습니다.
하나님이 임재하시는 거룩한 땅이 될 수 있습니다.
매일의 삶이 구별되어 하나님의 거룩함을 드러내는 삶이 되기를 소망합니다.

말씀의 가지

하나님은 우리를 걸작으로 만드셨습니다. 고린도후서 5장 17절은 증거합니다. "그런즉 누구든지 그리스도 안에 있으면 새로운 피조물이라 이전 것은 지나갔으니 보라 새 것이 되었도다." 예수를 믿는 모든 성도들은 외모는 예전 그대로인 것 같지만, 속사람은 그 본질이 완전히 달라졌습니다. 속사람이 개조된 정도가 아니라, 완전히 의로운 영적 존재로 재창조되었습니다. 더 이상 육체의 정욕에 끌려 다니는 것이 아니라 성령의 소욕에 붙잡혀 세상에서 승리하며 살아가도록 만들어진 것입니다. 에베소서 5장 8절은 이렇게 증거합니다. "너희가 전에는 어둠이더니 이제는 주 안에서 빛이라 빛의 자녀들처럼 행하라." "우리는 그가 만드신 바라"(엡 2:10). 이것은 우리가 하나님의 걸작이라는 의미입니다. '최고의 작품' 즉, 대단한 명품을 뜻합니다. 하나님이 세상을 창조하실 때, 최고 절정은 인간 창조였습니다.

(김학중, 영적 자존심을 회복하라 (넥서스 2010), p.64)

말씀의 꽃 · 나만의 일독 큐티

더 생각해 보기

1. 입이 열리고 마음이 넓어졌다는 건 무슨 의미인가?(11절)
2. 심정에서 좁아진다는 말은 무슨 의미일까?(12절)
3. 믿지 않는 자와 멍에를 함께 메지 말라는 건 무슨 의미인가?(14-16절)
4. 믿음에 있어서 타협은 없다. 진정한 조화는 무엇일까?(7장 1-3절)
5. 이웃을 사랑하고 섬기는 나의 태도는 어떠한가? 혹시 나는 죄를 묵인하고 있지는 않은가?

11월 **23**

남지도 모자라지도 않는 은혜

일독 성경 고린도후서 8장 1-15절(고린도후서 8-10장 中)

말씀의 씨앗

씨앗말씀 · 오늘 내게 심어진 한 절 말씀

마게도냐의 교회들이 가난 속에서도 예루살렘교회의 어려움을 듣고 헌금을 모아 보냅니다. 이것은 바울의 입에 간증이 되어 고린도교회에 전해집니다. 성도의 모범은 마음의 중심을 드리는 행함에 있습니다. 말로 할 수 있는 것이 아닙니다. 생각과 말과 삶이 일치할 때 힘이 있습니다.

마게도냐 성도들은 힘에 넘치도록 헌신하였습니다. 그러나 고린도교회의 성도들은 1년 전의 약속을 아직 완전하게 이행하지 않았습니다. 사도 바울은 그것이 한 개인의 의를 위한 것이 아닌 하나님 앞에 드린 약속이기 때문에 권면하는데 당당합니다.

"너희가 고백하는 대로 헌신하여 그 사랑을 증명하라."

강제로 명령하여 드리는 것이 아니라 자원하여 있는 모습 그대로를 드릴 때 하나님은 받으십니다. 그리고 그것은 놀랍도록 넘치지도 않고 모자라지도 않게 하나님의 선한 길을 증명하게 됩니다. 물질이 아닌 그것을 통치하시는 하나님의 영광을 인정해드리는 삶이 되기를 소망합니다.

말씀의 가지

마게도냐 [Macedonia]

'넓은 땅'이란 뜻. 아드리아 해와 에게 해 사이에 있는 그리스 반도 북쪽 발칸 반도의 로마 주. 헬라 역사가 헤로도투스에 의하면 B.C. 7세기경 페르디카스 1세에 의해 세워진 마게도냐 왕국은 필립 2세 때 황금기를 누렸고(그전까지 마게도냐는 그리스 곧 헬라 도시국가들의 연합체 가운데 변방의 미미한 세력으로만 존재했다가 필립 2세 때에 그의 군대 조직력과 절묘한 외교술로 단번에 헬라의 지배자가 됨), 그의 아들 알렉산더 대왕이 단시간에 세계 최강의 제국을 건설하기에 이르렀다. 마게도냐의 대표적 도시로는 바울이 2, 3차 선교여행 때 방문하여 복음을 전한 암비볼리, 네압볼리, 빌립보, 데살로니가, 베뢰아 등이 있다(행 16–17장; 롬 16:5; 고후 1:16, 2:13, 7:5; 살전 1:7, 4:10; 딤전 1:3). 한편, 마게도냐 성도들은 예루살렘의 성도들을 구제하기 위해 헌금한 바 있고, 또 바울이 마게도냐를 떠나 아가야로 갈 때 유일하게 그를 후원하기도 했다(롬 15:26; 고후 8:1–5; 빌 4:15).

(네이버 백과사전 http://terms.naver.com, 마게도냐)

말씀의 꽃 · 나만의 일독 큐티

말씀의 열매 · 기도 제목

11월

24

사도의 증거

일독 성경 고린도후서 1장 11-21절(고린도후서 11-13장 中)

말씀의 씨앗

씨앗말씀 · 오늘 내게 심어진 한 절 말씀

바울은 자신이 가말리엘의 문하생이고 열심당이고 바리새인이고 로마 시민인 것보다 이제 예수 그리스도의 사도된 것을 가장 자랑스럽게 여긴다고 말합니다.
'내가 사도들보다 부족하지 않다'는 것은 자신의 자랑처럼 보이지만 다시 보면 세상의 어떤 것보다 사도된 것을 자신의 정체성으로 여기고 있습니다.
자신이 인내하며 담대하게 믿음으로 행한 모든 표적의 이유도 자신이 능력이 있어서 한 것이 아닌 사도로서 예수님의 행하심의 증거라는 것입니다.
사도로서 사람을 의지하지 아니하고 아쉬운 소리도 하지 않는다고 말합니다. 오히려 고린도교회를 더 많이 사랑하고 있음을 역설적으로 용서를 구하며 표현합니다.

예수님이 하나님의 성전을 사랑하신 것과 같이 사도 바울은 목숨을 걸고 교회를 세우고 믿음으로 권면하며 승리하기를 기도합니다. 사도 바울은 이익을 취하고 높임을 받기 위하여 하는 것이 아님을 강조합니다. 오직 예수 그리스도의 덕을 세우기를 원하는 마음을 끊임없이 표현합니다. 그리고 오히려 고린도교회가 변화되기 이전의 모습으로 돌아가지 않기를 간절한 마음으로 권면하고 있습니다.

우리는 예수님의 제자된 것이 능력의 소유를 위한 것이 아닌 서로를 아껴 주고, 위로해 주고, 믿음으로 서로 세워 주며 제자의 삶을 감당하기 위함입니다.
매일의 삶이 제자로서 승리하는 삶이 되기를 소망합니다.

말씀의 가지

하나님은 주님 나라의 확장과 완성을 위해서 우리와 교회를 부르셨다. 이것을 깨달으면 이웃 교회를 보는 눈이 열린다. 이웃 교회는 주님의 나라를 위한 동역자이다. 함께 부흥해야 한다. 지역을 위하여 서로 협력해야 한다. 이웃 교회를 경쟁 상대로 여기거나 지역을 위해서 교회가 연합하지 못하는 것은 주님의 나라를 보지 못하기 때문이고 주님을 만나지 못했기 때문이다. 사도 바울은 주님의 환상과 계시를 통해 삼층천에까지 이끌려 갔다. 그리고 거기에서 사람의 말로 표현할 수 없는 여러 가지 말을 들었다(고후 12:1-4). 그는 당시 사회의 지배계급에 속한 사람이었다. 그는 히브리인 중의 히브리인이고 율법으로는 바리새인이며 로마의 시민권을 갖고 있던 엘리트였다. 한마디로 세상에서 누릴 것이 많은 사람이었다. 하지만 천국을 보았고 역사 종말의 비밀을 깨달은 다음, 그는 이방인 선교를 위하여 그동안 자기가 소중히 여기던 모든 것을 마치 배설물처럼 여기게 되었다(빌 3:8). 우리는 분명히 알아야 한다. 하나님 나라는 이미 시작되어 진행되고 있다(빌 1:6). 이것을 아는 자는 미리 준비할 수 있다.

(유기성, 예수님의 사랑2(넥서스 2009), p.178)

말씀의 꽃 · 나만의 일독 큐티

말씀의 열매 · 기도 제목

11월 **25**

그리스도로 옷 입으리라

일독 성경 갈라디아서 3장 21–29절(갈라디아서 1–3장 中)

말씀의 씨앗

씨앗말씀 · 오늘 내게 심어진 한 절 말씀

율법도 하나님이 주신 것입니다. 그러나 능히 살리는 능력이 아니라 죄를 알게 하는 능력입니다. 율법은 믿음의 대상이 아닙니다. 율법은 죄를 피하는 나침반과 같은 역할을 합니다. 예수님이 오심으로 이제 율법의 매임에서 풀렸습니다.

율법을 몽학 선생이라 비유하는 이유도 이것입니다. 몽학 선생은 어린 시절 보호해 주고 가르치는 가정교사입니다. 어른이 되면 몽학 선생 밑에 있지 않습니다. 이제 믿음이 온 이후로는 누구의 밑에도 있을 이유가 없습니다. 그래서 믿음으로 우리가 다 예수님 안에서 하나님의 아들이 되었습니다.

특별히 세례를 통하여 그리스도로 옷 입었다고 표현합니다.

의사가 의사 가운으로 구별되고 군인이 군복으로 구별되듯이 그리스도인은 그리스도를 입음으로 구별됩니다. 남자나 여자나, 헬라인이나 히브리인이나 조건과 환경은 기준이 아닙니다.

오직 예수 그리스도를 입었는가 아닌가입니다. 예수님 안에 속한 자면 아브라함의 자손이요 믿음의 후사입니다. 그래서 믿음의 유업을 받을 자격을 가지게 됩니다.

매일의 삶이 예수님을 입고 구별되어 승리하는 삶이 되기를 소망합니다.

말씀의 가지

갈라디아 [Galatia]

'젖처럼 희다'는 뜻. 본래는 유럽 민족인 골(Gaul) 족속이 거주했던 소아시아 중앙의 해발 700–1000m 고원 지역. 북쪽으로 비두니아, 남쪽으로 브루기아, 서쪽으로 아시아, 동쪽으로는 본도와 갑바도기아 주에 둘러싸여 있다. 헬라인들은 이곳을 '골 사람의 마을'이란 뜻으로 '갈라타이'라 불렀는데, 지명 '갈라디아'는 이 말에서 유래되었다. B.C. 25년에 로마의 식민지가 되면서 로마의 행정 개편에 따라 갈라디아 주가 되었다. 이 지방에는 비시디아 안디옥, 이고니온, 루스드라, 더베와 같은 성읍들이 있었다. 사도 바울은 세 차례에 걸쳐 이곳에서 복음을 전파했으며(고전 16:1; 갈 1:2; 딤후 4:10) 사도 베드로 역시 로마에서 순교하기 전 이곳에서 복음을 전파한 것으로 보인다(벧전 1:1).

(네이버 백과사전 http://terms.naver.com, 갈라디아)

말씀의 꽃 · 나만의 일독 큐티

말씀의 열매 · 기도 제목

11월

26 유업을 이을 자

일독 성경 갈라디아서 4장 1-6절(갈라디아서 4-6장 中)

말씀의 씨앗

씨앗말씀 · 오늘 내게 심어진 한 절 말씀

율법주의자들이 그렇게 떠받들고 있는 율법은 자신을 높이는 도구입니다.
오늘 본문은 율법은 이 세상의 초등학문이라고 말하십니다.
율법이 소용이 없는 것이 아니라 율법은 '죄를 깨닫게 하는 것'까지라는 말입니다.
때가 차매 하나님이 그 아들을 보내십니다.
하나님의 때에 이제는 죄를 깨닫는 것이 아닌 죄를 사해 주시는 길을 주십니다.
그 길이 예수님입니다.
율법은 죄를 정죄하지만 예수님의 십자가는 모든 죄의 대가를 완전히 지불해 주십니다. 그리고 예수님의 이름을 부르기만 하면 모든 죄 사함을 받게 됩니다.
율법이 우리를 죄인으로 알게 할 때에 예수님은 우리를 하나님의 자녀가 되게 해 주십니다.
예수님의 이름으로 말미암아 이제 우리는 종이 아닌 자녀입니다.
약속의 유업을 이을 자가 되었습니다.
종은 소유하지 못하지만 자녀는 모든 것을 누리며 아빠라고 부를 수 있습니다.
우리를 자녀 삼으시고 믿음의 유업을 허락하여 주신 하나님만을 바라보며 날마다 승리하는 삶이 되기를 소망합니다.

말씀의 가지

바울은 '아담 안에서'의 삶을 아주 침울하고 어둡게 묘사하고 있는 반면 '그리스도 안에서'의 삶은 퍽 매력적으로 묘사하고 있다. 그리고 나면 다음 질문으로 이어진다. 어떻게 하면 '아담 안에서'의 삶에서 '그리스도 안에서'의 삶으로 옮겨갈 수가 있을까? 그 새로운 삶의 길은 하나님이 예수를 통해서 우리에게 보여 주셨다고 바울은 말한다. 그리고 이 새로운 삶의 길에 동참하는 방법은 그리스도와 함께 죽고 또 그리스도와 함께 부활하는 것이다. 갈라디아서에 바울은 자기 내적인 죽음과 자기 안에 새로운 자아 탄생을 기록하고 있다(갈 2:19-20). 바울은 또 로마에서는 예수의 죽음과 부활을 아담 안에서의 삶에서 그리스도 안에서의 삶으로 변화되는 길을 상세히 설명하고 있다. 그리고 그것을 세례에 비유하기도 했다. 세례 받는다는 것은 낡은 삶의 길의 죽음을 상징하고 또 새로운 삶의 길의 부활을 뜻한다고 했다.

(마커스 보그, 성경 새롭게 다시 읽기(연세대출판부 2004), p.362)

말씀의 꽃 · 나만의 일독 큐티

말씀의 열매 · 기도 제목

11월
27

말씀의 비밀

일독 성경 에베소서 3장 1-13절(에베소서 1-3장 中)

말씀의 씨앗

씨앗말씀 · 오늘 내게 심어진 한 절 말씀

사도 바울은 다메섹 도상에서 예수님을 만나 계시를 받습니다. 그래서 지금까지는 핍박자였지만 복음의 통로로 변화받았습니다. 이 모든 것은 오직 하나님의 은혜요 오직 말씀을 통해서만 가능했습니다.

예수님께서는 은혜의 선물로 하나님의 사람을 구별하시고 일꾼 삼으십니다.
이방인이라 할지라도 오직 말씀의 비밀을 깨달아 하나님의 자녀 삼으시는 섭리입니다.

성도 중에서 작은 자보다 더 작은 자라고 자신을 표현합니다.
하나님 앞에서 자랑할 것이 없다는 이야기입니다.
우리가 하는 것이 아닌 하나님이 행하시는 것에 쓰임 받는 것입니다.
이를 교회를 통하여 하나님의 지혜를 알게 하시고
우리로 하여금 예수 그리스도 안에 거하게 하십니다.

환난이 와도 낙심하지 않는 것은 하나님의 영광은 누구도 막지 못하기 때문입니다.
교회가 핍박을 당하고 또한 연약함이 있다 할지라도
하나님이 보호하시고 인도하십니다.
말씀의 비밀을 통하여 허락된 은혜와 믿음으로 승리하는 삶이 되기를 소망합니다.

말씀의 가지

에베소 [Ephesus]

'바람직한'이란 뜻. 소아시아 서부 해안에 위치한 이오니아 주의 수도며 당시 최대의 상업 및 교통 중심지였고(행 19:1; 계 2:1), 철학과 문화와 예술의 도시로서 세계 7대 유물에 속하는 아데미의 신전과 극장이 있었다. 하지만 소아시아 대륙 서쪽 돌출부인 카이스테르 강 하구에 위치했던 에베소는 신약 시대에 접어들면서 점차 지난날의 영화를 잃어갔다. 무분별한 삼림의 벌채 때문이다. 당시 도시의 번창으로 많은 땔감과 목재가 필요했고, 과도한 육류 소비로 인한 지나친 방목이 문제가 되었던 것이다. 때문에 헐벗은 산 위의 흙은 비가 오면 흘러내려 시내를 수렁으로 만들었고, 폭우 때는 진흙이 그대로 바다로 흘러들어가 결국 항구를 메워 버렸다. 지난날 에베소 항구의 흔적은 현재의 항구에서 약 10.2㎞ 내륙에서 발견된다고 한다. 그리고 한때 광활한 만이었던 곳, 바울 시대에는 항구와 해로가 발달되었던 곳이 갈대가 무성한 습지로 변하고 만 것이다.

(라이프 성경사전(생명의말씀사 2006))

말씀의 꽃 · 나만의 일독 큐티

말씀의 열매 · 기도 제목

11월 28

영적 전신 갑주

일독 성경 에베소서 6장 10-20절(에베소서 4-6장 中)

말씀의 씨앗

씨앗말씀 · 오늘 내게 심어진 한 절 말씀

하나님께 바울을 통하여 우리의 싸움은 혈과 육이 아닌 영적 전쟁임을 알려 주십니다.
그래서 우리에게 전신 갑주를 허락하시사 모두 이기게 하십니다.
그러나 행함으로 전쟁에 승리하는 것보다 더 중요한 것은 이긴 후에도 든든히 서 있어야 함을 먼저 말씀해 주십니다. 전쟁에 이기고도 넘어지지 말라는 것입니다.
우리에게 허락하신 전신 갑주는 첫째로 진리의 허리띠입니다.
오직 예수 그리스도만이 진리이시기 때문에
진리를 중심으로 모든 것을 정리하고 단단히 매야 합니다.

의의 호심경을 가슴에 붙여야 합니다.
모든 거짓을 버리고 오직 진실만이 가슴속에 동기가 되야 합니다.
평안의 복음이 준비한 것으로 신을 신어야 합니다.
가는 곳마다 평안을 전하는 유일한 길은 복음입니다.
우리의 전도의 발걸음은 사람을 귀찮게 하는 일이 아니라 평안을 주는 것입니다.
믿음의 방패를 가져야 합니다.
사탄이 불화살을 쏴서 공격을 해도 능히 막을 수 있습니다.
화를 내거나 시험에 들지 않도록 믿음의 방패로 든든히 막아야 합니다.

구원의 투구를 써야 합니다.
앉으나 서나 천국의 시민임을 잊지 않아야 합니다.

우리를 구원하여 주신 감사로 온 생각이 가득하면 다른 생각이 들어오지 않습니다.

마지막으로 무기는 오직 성령의 검, 즉 말씀밖에 없습니다.
말씀으로 든든히 무장하면 어떤 위험도 헤쳐 나갈 수 있습니다.
이 모든 것이 전신 갑주입니다.
하나님이 주신 전신 갑주를 입으면 모든 싸움에서 승리합니다.
전신 갑주를 입는 유일한 방법은 오직 성령 안에서 기도하는 것밖에 없습니다.
말씀을 의지하여 깨어 기도하고 서로를 위하여 중보하며 기도할 때에
하나님이 보호하시고 막으시고 전신 갑주를 입혀 주십니다.
쇠사슬에 매여도 담대할 수 있는 것은 하나님의 승리가 이미 허락되었기 때문입니다.
마지막까지 승리하는 삶이 되기를 소망합니다.

말씀의 꽃 · 나만의 일독 큐티

말씀의 열매 · 기도 제목

11월

29

그리스도의 심장

일독 성경 빌립보서 1장 3–11절(빌립보서 1–4장 中)

말씀의 씨앗

씨앗말씀 · 오늘 내게 심어진 한 절 말씀

하나님이 주신 기쁨을 발견하는 통로는 바로 '서로'입니다. 성도와 성도가 서로 안에서 기쁨을 찾습니다. 사도 바울은 빌립보 성도들로 인하여 하나님이 주신 기쁨과 감사를 고백합니다. 성도가 축복을 받고 주의 일에 힘쓰는 것은 내게 용기가 됩니다. 마지막까지 그 안에 행하시는 하나님의 역사를 변함없이 보기를 원합니다. 지금까지 지내온 날도 은혜요 앞으로 살아갈 모든 날도 하나님이 주신 소망입니다. 비록 실수가 있다 할지라도 서로를 위한 진실한 사랑과 용서와 감사를 결국 예수 그리스도 안에서 아름다운 열매로 삼으십니다. 사도 바울이 당당하게 요청할 것은 요청하고 또한 멀리서 편지로 대신하여도 불안해 하지 않는 것은 바로 진실한 사랑의 마음으로 기쁨을 나타내기 때문입니다.

"내가 예수 그리스도의 심장으로 너희 무리를 얼마나 사랑하는지는
하나님이 나의 증인이시라."

하나님 앞에서, 사람 앞에서 진실한 사랑을 가지고 행한다는 것입니다.
심장은 생명입니다. 멈추지 않는 뜨거움입니다. 심장이 멈추면 육체는 죽음이라고 이야기합니다. 사도 바울의 사랑은 예수 그리스도의 참 사랑과 능력을 통하여 이루어지고 있습니다. 그래서 떳떳하게 모든 일을 행합니다. 매일의 삶이 그리스도의 심장으로 살아가는 삶이 되기를 소망합니다. 하나님의 기쁨은 바로 나입니다.

말씀의 가지

빌립보 [Philippi]

알렉산더 대왕의 부왕인 필립 2세가 건설한 마게도냐의 도시(행 16:12; 빌 1:1). 아시아와 로마를 잇는 교통의 요지. 마게도냐의 빌립 2세가 이 근방에 막대한 매장량의 금광이 있음을 발견하고 금광 개발을 위해 이곳에 성읍을 세웠다. 그러나 B.C. 168년 이곳은 신흥 제국 로마의 통치하에 놓이게 되었다. 그리하여 이곳은 로마의 식민 도시요, 퇴역한 로마 군인들의 안식처가 되었다. 이후 이곳 출신들은 대부분 로마 시민권자가 될 수 있었고, 시민권자로서의 고유한 권한과 공물, 세금 면제 등의 특혜를 받기도 하였다. 그리고 로마 지방 총독의 간섭 없이 자치적으로 행정을 꾸려갈 수 있는 행정 특구의 혜택도 받았다.

(네이버 백과사전 http://terms.naver.com, 빌립보)

말씀의 꽃 · 나만의 일독 큐티

더 생각해 보기

1. 이웃을 생각할 때 감사할 수 있는 이유는?(3-5절)
2. '착한 일'을 시작할 수 있는 조건은 무엇인가?(6절)
3. '이웃 사랑'을 시작할 수 있는 조건은 무엇인가?(8절)
4. 하나님은 지금 나의 모습을 보고 어떻게 증언해 주실까?(8절)
5. 삶에서 어떤 열매를 맺고 싶은가?(10-11절)

11월

30 감사하는 자가 되라

일독 성경 골로새서 3장 1–17절(골로새서 1–4장 中)

말씀의 씨앗

씨앗말씀 · 오늘 내게 심어진 한 절 말씀

바울은 예수님을 만난 이후 자신의 모든 권리가 아닌 오직 주의 나라를 위하여 열심으로 선교의 사명을 감당합니다. "위의 것을 생각하고 땅의 것을 생각지 말라." 우리의 생명이 하늘에 속해 있음을 이야기합니다. "땅에 있는 지체를 죽이라." 우리의 육체의 소욕을 죽이고 하늘의 소망으로 채우는 것이 생명이요 능력임을 이야기합니다. 말씀에서 악한 모든 것을 벗어 버리라고 사도 바울은 말합니다.

특별히 서로 거짓말하지 말라고 말합니다. 하나님과 진실한 관계를 가지기 위해서는 성도 간의 진실이 있어야 합니다. 그래서 새 사람을 입으라고 말합니다. 옷을 입고 목욕을 하는 사람은 없습니다. 그리고 또한 옷 위에 옷을 입을 수 없습니다. 과거의 죄악의 모습을 벗어 버려야 새 옷을 입게 됩니다. 우리의 모든 생각과 지식까지도 하나님의 것으로 쓰임을 받게 됩니다.

우리에게 이 모든 것을 허락하신 것은 하나님의 은혜입니다. 이 은혜를 사람들에게 베풀기 위해서는 용서하라고 말씀하십니다. 그리고 거기에 사랑을 더하라고 말씀하십니다. 진실함을 증거하는 것은 사랑입니다. 사랑하는 사람은 욕심을 버릴 수 있고 진심으로 함께할 수 있습니다. 그리고 감사하는 자가 되라고 말씀하십니다. 평강은 감사하는 자에게 주시는 축복입니다. 불안한 이유는 감사가 없기 때문입니다. 무엇을 먹든지 마시든지 행하든지 예수 그리스도 안에서 감사할 때에 사람은 조건과 환경을 이겨 낼 수 있습니다. 믿음의 사람만이 포기하지 않습니다. 매일의 삶이 하나님의 기준으로 살아가는 삶이 되기를 소망합니다.

말씀의 가지

골로새서에서 눈에 뜨이는 것은 바울의 기독론을 설명한 골 1:14–22의 말씀이다. 그의 사랑하는 아들(골 1:13)이라는 구절로 시작된 말씀은 계속 그리스도의 신성을 설명하면서 그 안에는 모든 충만이 육체로 거하시고(골 2:9)라는 말씀으로 요약하였다. 이 서신의 교훈 가운데서 구속이라는 말씀이 특출하다. 그리스도 안에서 사람은 죄 사함을 얻는다(골 1:14). 그의 십자가의 피를 통하여 하나님과 화목한다(골 1:20,22). 우리를 대적하는 의문에 쓴 증서를 도말하시고 제하여 버리사 십자가에 못 박으셨다(골 2:14). 또한 죽음과 부활에 대해서 가르치고 있는데 너희가 그리스도와 함께 죽었거든 어찌하여 의문에 순종하느냐? 그러므로 너희가 그리스도와 함께 다시 살리심을 받았으면 위엣 것을 찾으라(골 2:20, 3:1)고 가르치고 있다. 본 서신의 주제는 그리스도는 만유시요 만유 안에 계시느니라(골 3:11)며 그리스도만이 주님이시며 교회의 머리가 되심을 가르치려는 것이다.

(한국컴퓨터선교회, http://kcm.kr/dic_view.php?nid=672)

말씀의 꽃 · 나만의 일독 큐티

말씀의 열매 · 기도 제목

주일 설교 노트

날짜 . . .

주일 설교 노트

날짜 . . .

주일 설교 노트

날짜 . . .

주일 설교 노트

날짜 . . .

주일 설교 노트

날짜 . . .

12월

약속

promise

데살로니가전서 1장 - 요한계시록 22장

JUM 성경읽기표

· 12월 ·

1	데살로니가전서 1-2장	
2	데살로니가전서 3-5장	
3	데살로니가후서 1-3장	
4	디모데전서 1-3장	
5	디모데전서 4-6장	
6	디모데후서 1-4장	
7	디도서 1-3장	
8	빌레몬서 1-3장	
9	히브리서 1-3장	
10	히브리서 4-7장	
11	히브리서 8-10장	
12	히브리서 11-13장	
13	야고보서 1-2장	
14	야고보서 3-5장	
15	베드로전서 1-2장	
16	베드로전서 3-5장	
17	베드로후서 1-3장	
18	요한1서 1-2장	
19	요한1서 3-5장	
20	요한2서 1장	
21	요한3서 1장	
22	유다서 1장	
23	요한계시록 1-3장	
24	요한계시록 4-6장	
25	요한계시록 7-9장	
26	요한계시록 10-12장	
27	요한계시록 13-14장	
28	요한계시록 15-16장	
29	요한계시록 17-18장	
30	요한계시록 19-20장	
31	요한계시록 21-22장	

12월

1 목숨도 아끼지 않는 사랑

일독 성경 데살로니가전서 2장 1–12절(데살로니가전서 1–2장 中)

말씀의 씨앗

씨앗말씀 · 오늘 내게 심어진 한 절 말씀

사도 바울이 데살로니가 성도들을 사랑함으로 편지를 보냅니다. 초신자들이 신앙의 기초를 세우고 하나님을 온전히 믿도록 권면합니다. 빌립보에서 바울과 실라와 디모데가 함께 사역하며 고생을 합니다. 옥에 갇히기까지 하였지만 다시 풀려납니다.
그리고 세운 교회가 데살로니가교회이기 때문에 각별한 사랑이 있습니다. 유대인들의 방해에도 하나님은 교회를 세우시고 또한 계속 신앙을 지키게 하십니다.
아덴을 향하여 가는 바울이 디모데를 보내어 이 서신을 통해 하나님의 뜻을 전합니다. 이것은 아첨도 사람에게 잘보이기 위함도 아니라는 것을 강조합니다. 오직 자녀를 기르고 사랑함과 같이 사랑함으로 쓰고 있음을 강조합니다. 그리고 목숨까지 주기를 즐겨한다라고 표현합니다.

사도 바울의 선교는 목숨을 건 선교였습니다. 예수님이 우리를 위하여 십자가에 달려 죽으시기까지 사랑한 그 사랑을 자신의 삶을 통하여 닮아가고 증거하는 모습을 보게 됩니다. 그래서 사도 바울의 사역이 위대한 것입니다. 우리의 삶이 위대해지는 것은 사람을 유익하게 하거나 성과에 있는 것이 아닌 오직 예수님의 제자가 되어 그 모습을 닮아가는 것에 있습니다. 하나님께 합당한 사역자가 되기를 다짐하고 또한 권면하는 사도 바울처럼 우리의 삶이 온전히 하나님 앞에 있음을 깨닫고 온 마음과 뜻과 정성으로 교회를 섬기는 삶이 되기를 소망합니다.

말씀의 가지

사실 교회들 가운데 가장 문제가 많았던 교회는 고린도교회 아니겠는가? 그러나 고린도교회의 소문을 듣고 편지를 쓰면서도 바울은 감사의 말로 시작한다. 빌립보서 1장 3절을 보면 "나의 하나님께 감사하며"라고 썼고, 데살로니가전서 1장 2절에는 "너희 무리를 인하여 항상 하나님께 감사하고"라고 했으며, 데살로니가후서 1장 3절에는 "너희를 위하여 항상 하나님께 감사할지니"라고 썼다. 이런 구절들을 통해 우리는 바울이 하나님의 사람들을 만났을 때나 하나님의 교회를 만났을 때, 하나님이 하신 일과 성도들을 통해서 역사되었던 모든 일들을 통해서 먼저 감사의 찬송을 올린 것을 볼 수 있다.

(하용조, 하나 됨의 열망(두란노 1999), p.90)

말씀의 꽃 · 나만의 일독 큐티

말씀의 열매 · 기도 제목

12월 2

빛의 자녀로 살라

일독 성경 데살로니가전서 5장 1–11절(데살로니가전서 3–5장 中)

말씀의 씨앗

씨앗말씀 · 오늘 내게 심어진 한 절 말씀

사도 바울은 언제 마지막 날이 올지 쓸 필요도 없다고 가르칩니다. 예수님도 제자들에게 그것에 관심을 갖지 말라고 하십니다. 대신 진짜 중요한 일을 가르쳐 주셨습니다. 오직 우리가 할 일은 늘 깨어 기도하고 복음을 증거하는 일입니다.

우리는 빛의 자녀들이요 낮의 자녀들이기에 어둠에 속하지 않았습니다. 세상은 우리에게 성공의 기준을 어둠 속으로 유혹하지만 우리는 빛이기 때문에 그곳에 합쳐질 수가 없습니다. 집이 정전이 되도 곧 촛불을 찾을 수 있는 것은 마치 빛이 있는 것처럼 그 집에 살고 알기 때문입니다.
시편 119편 105절을 보면 "주 말씀은 내 발의 등이요 내 길에 빛이다"라고 말씀하셨습니다.

우리가 빛에 거하는 것은 말씀에 거하는 것입니다. 우리의 영혼이 어둠 속에서도 하나님의 말씀 가운데 살면 어떤 어려움 속에서도 하나님의 말씀을 통하여 빛을 찾을 수 있습니다. 그리고 세상을 밝히는 빛의 역할을 감당하게 됩니다.
날마다 하나님을 신뢰함으로 빛을 증거하는 삶이 되기를 소망합니다.

말씀의 가지

데살로니가전서 [1Thessalonians]

헬라어 원문 성경에서 본 서신의 명칭은 '프로스 데살로니케이스 알파'이다. 이는 '데살로니가인들에게 (보내는) 첫 번째 (편지)'란 뜻이다. '데살로니가전서'는 이 제목에서 유래되었다. 바울 서신 가운데 가장 먼저 기록된 것으로 알려진 본 서신은 데살로니가교회에서 일어나고 있는 임박한 종말 사상으로 신앙의 혼란을 겪고 있는 성도들을 위해 바른 재림관과 종말관을 가르칠 목적으로 기록된 교리서다. 비록 바울의 후기 작품인 로마서나 에베소서 등에 비해 원숙미와 깊이가 덜하다는 평을 받기도 하나, 기독교의 핵심 교리인 재림과 종말에 관해서는 본 서신보다 더 직설적이고 명쾌한 것이 없다는 점에서 본 서신은 오히려 초보 신앙을 가진 자들에게는 바른 신앙을 정립할 수 있는 좋은 길잡이가 된다 하겠다.

(라이프 성경사전(생명의말씀사 2006), 데살로니가전서)

말씀의 꽃 · 나만의 일독 큐티

말씀의 열매 · 기도 제목

12월

3

온전한 가르침

일독 성경 데살로니가후서 2장 1-12절(데살로니가후서 1-3장 中)

말씀의 씨앗

씨앗말씀 · 오늘 내게 심어진 한 절 말씀

데살로니가전서를 통한 권면으로 세상 마지막 날에 대한 온전한 믿음을 전하고 하나님의 심판의 날을 깨어 준비하도록 다시 신앙을 정비합니다.

그러나 이번에는 오히려 주님이 곧 오신다는 말로 다시 삶의 자리에서 모든 것을 내려놓게 만드는 거짓 가르침이 나타납니다. 다른 것 같지만 결국 결과는 같습니다. 하나님의 때를 거짓으로 예언하고 미혹하여 성도를 넘어뜨리는 것입니다. 세상의 전쟁이 아닌 영적 전쟁 속에서 승리하는 삶은 믿음밖에 없습니다. 사도 바울은 안타까운 마음으로 기억하라고 말합니다. 자신이 온전히 가르친 복음의 진리를 떠나지 말라는 것입니다.

심판은 분명히 있습니다. 그러나 그 때는 하나님만이 아시고 또한 그 심판은 멸망당하는 불의한 자들에게는 고통이지만 오히려 구원받는 백성에게는 축복입니다.
하나님께서 유혹과 거짓 가르침을 믿는 것을 내버려 두심은 하나님의 사람들을 구별하시기 위한 섭리입니다. 매일 순간마다 온전한 믿음으로 깨어 기도하는 삶이 되기를 소망합니다.

말씀의 가지

데살로니가후서 [2Thessalonians]

본 서신은 데살로니가전서 이후 수개월 뒤에 기록된 서신으로, 데살로니가전서와 마찬가지로 그리스도의 재림과 종말에 대한 바른 신앙관을 가르칠 목적으로 기록된 교리서다. 하지만 전서보다 본 서신의 분위기는 훨씬 더 단호하다. 데살로니가교회에는 여전히 임박한 종말관에 사로잡힌 자들이 사회 생활을 게을리하고 성도들끼리 어울려 다니며 물의를 빚는 사례들이 잦아졌기 때문이다. 그래서 본 서신에는 교리적 측면보다는 오히려 주님의 재림을 준비하는 성도의 바른 생활, 곧 실천적 측면이 집중적으로 조명되고 있다.

(라이프 성경사전(생명의말씀사 2006), 데살로니가후서)

말씀의 꽃 · 나만의 일독 큐티

말씀의 열매 · 기도 제목

12월 4

하나님이 원하시는 일

일독 성경 디모데전서 2장 1-7절(디모데전서 1-3장 中)

말씀의 씨앗

씨앗말씀 · 오늘 내게 심어진 한 절 말씀

하나님은 우리로 기도하기를 원하십니다. 나라의 통치자들이 비록 잘못한다 할지라도 기도하라고 하십니다. 왜냐면 그들도 하나님의 손에 있기 때문입니다.
그들의 한마디로 많은 백성이 어려움을 당할 수도 있기 때문입니다.

뉴욕에 눈이 많이 왔을 때 괜찮을 것이라고 늦게 대처했다가 2011년도에 엄청난 피해를 보았습니다. 한 사람의 늦은 판단으로 도시 전체가 피해를 보았습니다.

우리의 기도 대상은 세상 모든 것입니다.
하나님은 우리에게 예수님을 보내 주셨습니다. 오직 한 분 하나님께서 오직 한 분 중재자로 예수님을 보내셨습니다. 모든 사람을 위한 유일한 구원의 길은 예수님뿐입니다. 하나님이 원하시는 오직 한 가지도 모든 사람이 구원을 받는 것입니다.

세상의 어떤 기준도 하나님께 부족한 것이 없습니다. 하나님이 원하시는 것은 누구나 예수님의 이름을 믿으면 얻는 구원입니다. 우리가 가진 사명도 오직 복음의 통로 외에 어떤 것도 아닙니다. 온 땅과 만물을 지으시고 다스리시는 하나님의 놀라운 섭리를 깨닫고 오직 그 영광을 위하여 살아가기를 소망합니다.

말씀의 가지

사도 바울은 디모데에게 보낸 첫 번째 편지에서 리더의 지위를 원하는 것은 좋은 일이라고 말한다(딤전 3:1). 하지만 리더의 책임을 받아들이기 위해 앞으로 나아가는 것과 자기과시를 위해, 주목받기 위해 앞으로 나아가는 것은 다르다. 성경 속의 리더십의 길은 섬김으로 통한다. 리더는 각광을 받을 수도 있지만 그 높은 자리에는 종종 비난도 따른다. 조직의 사명을 위해 목소리를 높이기도 하고 필요하면 침묵을 지키기도 한다. 또 어떤 때는 사람들을 위해 온갖 희생을 참아야 한다. 로마서 15장 1절에서 6절은 우리에게 리더십은 다른 사람들에게 권력을 휘두르는 것이 아니라 섬기는 것임을 상기시킨다. 리더는 다른 이들을 기쁘게 해야 한다. 잘못을 용서해야 하고, 가르침을 받을 수도 있어야 한다. 조화로운 관계를 추구해야 하며 무엇보다 예수를 모델로 삼아 그리스도를 따라야 한다.

(존 맥스웰, 큐티 리더십(중앙북스 2008), p.70)

말씀의 꽃 · 나만의 일독 큐티

말씀의 열매 · 기도 제목

12월

5 믿음의 선한 싸움

일독 성경 디모데전서 6장 11-19절(디모데전서 4-6장 中)

말씀의 씨앗

씨앗말씀 · 오늘 내게 심어진 한 절 말씀

사도 바울은 디모데에게 선한 싸움을 싸우라고 말합니다. 세상은 계략과 거짓으로 이기려고 달려들지만 하나님의 사람은 경건과 믿음과 사랑과 인내와 온유를 무기 삼습니다. 모든 사람 앞에서 하나님의 부르신 바 선한 증거를 나타내는 것이 승리입니다. 사탄은 끊임없이 믿음의 사람도 세상의 방법으로 성공해야 한다고 말합니다. 그러나 하나님의 때까지 흠없이 살아가시길 권면합니다. 구약 시대 제사에 쓰인 제물은 흠이 없는 것이었습니다. 하나님께 드리는 것은 가장 온전한 것으로 드려야 합니다. 그리고 이제는 제물이 아니라 우리의 삶을 받으시기를 원하십니다.

오직 하나님께만 존귀한 빛과 영광이 있기 때문에, 오직 하나님만이 온전하시기 때문에 우리는 그것을 의지하여 온전함을 얻을 수 있습니다. 부유한 사람의 물질은 가난한 이들을 돌아보라는 하나님의 축복입니다. 이것은 하늘의 터를 쌓아 진정한 보석을 소유하는 것입니다. 참된 생명이 하늘에 있음을 믿고 끝까지 선한 싸움에서 승리하기를 소망합니다.

말씀의 가지

디모데 [Timothy]

'하나님을 공경하는 자', '하나님을 영화롭게 하는 자'란 뜻. 바울의 2차 선교여행 때 동역자로 발탁된 루스드라 출신의 교회 지도자이다. 바울의 1차 선교여행 때 복음을 듣고 회심한 것으로 보인다. 부친은 헬라인이고, 어머니와 외할머니를 통해 신앙을 배웠다(행 16:1–3; 딤후 1:5). 사도 바울이 아덴 선교지로 출발할 때 그는 실라와 더불어 마게도냐에서 따로 복음 사역에 헌신하였으며(행 17:1–15), 다시 바울의 지시에 따라 데살로니가에서 독립적으로 사역하였다(살전 3:1–2). 그 후 바울과 고린도에서 합류하여 계속 바울에게 수종들었다(행 18:5; 살후 1:1). 후에 바울이 3차 선교여행을 마치고 예루살렘으로 귀향할 때 함께 동행하였다(행 20:4). 훗날 바울이 2차로 로마 옥중에 있을 때 쓴 마지막 편지 디모데후서에는 그가 에베소교회에서 목회하고 있었던 것으로 보인다. 이 서신에는 디모데를 향한 바울의 애틋한 정과 친밀감이 잘 나타나 있다(딤후 4:9,21).

(라이프 성경사전(생명의말씀사 2006), 디모데)

말씀의 꽃 · 나만의 일독 큐티

말씀의 열매 · 기도 제목

12월

6

예수의 좋은 군사

일독 성경 디모데후서 2장 1-13절(디모데후서 1-4장 中)

말씀의 씨앗

씨앗말씀 · 오늘 내게 심어진 한 절 말씀

사도 바울은 로마 감옥에 수감되어 순교의 때에 직면했음을 느꼈습니다. 디모데는 사도 바울에게 아들과 같은 존재입니다. 그래서 내 아들이라고 표현합니다. 에베소교회를 지키고 있는 디모데는 가장 사랑하는 아들이었습니다. 마지막 고난의 순간을 맞이하기 전에 해 줄 수 있는 가장 큰 축복은 바로 예수의 좋은 군사가 되어 고난을 두려워하지 말라는 것이었습니다.

오직 그리스도께서 죽음의 권세를 이기시고 부활하신 것을 믿는 자만이 감당할 수 있습니다. 그래서 사도 바울은 디모데에게 예수 그리스도를 기억하라고 이야기합니다. 육체나 환경 모든 것이 묶여도 하나님의 말씀은 묶이지 않습니다. 고난 속에서도 자유할 수 있는 이유는 능력과 자유가 말씀 안에 있기 때문입니다. 낙심하지 않습니다. 소망을 잃지 않습니다. 오직 하나님만을 바라보며 새로운 용기를 얻습니다. 예수님과 함께 죽으면 함께 살고 참으면 왕 노릇 합니다. 그러나 예수님을 부인하면 심판에 이르렀을 때에 예수님도 부인하십니다.

진정한 아름다움은 하나님은 언제나 변함이 없으시다는 것입니다. 우리를 향한 손을 거두지 않으십니다. 끝까지 믿음으로 승리하는 군사의 삶이 되기를 소망합니다.

말씀의 가지

버림받은 자들의 친구였던 나사렛의 예수, 십자가 위에서 그의 죽음과 부활… (중략) 버림받은 자들이란 당시에 율법 엄수를 강조한 바리새파 사람들이 자기들을 일반 백성들과 구별하여 식사할 때 율례와 법도에 따라 손을 씻지 않고 먹는다고 하여 죄인 취급하였던 서민들을 가리킨다. 유대인 중의 유대인이요, 바리새인이며 철저한 율법주의자였던 바울이 디모데후서 3장 15절에서 '성경은 너로 하여금 그리스도 예수 안에 있는 믿음으로 말미암아 구원에 이르는 지혜가 있게 하느니라'라는 증언은 단절된 구약과 새 언약과의 관계를 맺어 주는 것이다. 이것은 구약성경과 신약성경의 사이에는 죽어서 우리를 살리시기 위하여 다시 사신 역사의 중심이 되시며 하나님과 인간과의 사이를 중보하시는 그리스도가 서 계심을 의미하고 있다. 이러한 관계로 구약에서의 약속이 신약에서 성취되었다는 것이다.

(신상훈, 성경의 즐거움(스타북스 2006), p.16)

말씀의 꽃 · 나만의 일독 큐티

더 생각해 보기

1. 은혜 가운데서 강하다는 것은 무슨 의미일까?(1절)
2. 병사로서 고난을 받는다는 것은 무슨 의미인가?(3절)
3. 우리를 병사로 모집한 이는 누구신가?(4절)
4. 모든 것을 참는다는 것은 무엇을 의미하는가?(9–10절)
5. 나는 주를 부인하는 자인가? 아니면 함께 죽는 자인가?(11–12절)

12월

7

말과 신앙의 일치

일독 성경 디도서 1장 5-16절(디도서 1-3장 中)

말씀의 씨앗

씨앗말씀 · 오늘 내게 심어진 한 절 말씀

바울이 그레데 섬에 디도를 통하여 복음을 가르칩니다. 특별히 하나님의 교회를 세울 때나 지도자를 세울 때에는 책망할 것이 없고 한 아내의 남편이며 방탕하다는 비방이나 불순종이 없이 믿는 자녀를 둔 자여야 한다고 말합니다.

교회의 지도자에게 있어서 무엇보다도 가정을 강조합니다. 온전한 가정이 온전한 신앙의 밑받침이 되기 때문입니다. 그중에서도 감독으로 쓰임을 받는 사람은 책망할 것이 없고 급히 화를 내거나 술과 부정한 이를 탐하지 아니하며 구타하지 않고 나그네를 접대하며 선행을 좋아하고 신중하며 의롭고 거룩하고 절제하며 미쁜 말씀의 가르침을 그대로 지켜야 한다고 말합니다.

이렇게 그 행함을 강조하는 이유는 무엇입니까?
행함에서 신앙이 증거되는 것은 아니지만 올바른 신앙에는 곧 올바른 열매가 맺히기 때문입니다. 하나님을 입으로는 시인하나 행위로 부정한 자를 하나님께선 가증한 자라 여기시고, 하나님께 순종하지 않는 자는 곧 모든 선한 일을 버리는 자라고 말씀하십니다. 매일의 삶 속에서 말과 신앙이 일치하게 되기를 소망합니다.

말씀의 가지

성경은 하나님께서 그 은혜를 우리에게 부어 주시는데 그 이유는 우리가 전혀 의롭지 않기 때문이라고 분명히 말씀하신다. 그것은 전적으로 하나님의 은혜이다. 그러나 우리가 하나님의 가족의 일원이 될 때 우리는 획기적인 변화를 필요로 한다. 바울은 디도서 2장 11절부터 12절에서 "모든 사람에게 구원을 주시는 하나님의 은혜가 나타나 우리를 양육하시되 경건치 않은 것과 이 세상 정욕을 다 버리고 근신함과 의로움과 경건함으로 이 세상에 살고"라고 말씀한다. 하나님께서 우리에게 베푸신 은혜는 항상 변화로 인도하는 은혜이다. 그 용납하심은 그 사역의 완성이 아니라, 이제 시작일 뿐이다. 우리를 의롭다 하심은 우리를 거룩하게 하심과 결코 구별되어서는 안 된다. 그러므로 괴로워하고 있는 형제나 자매에게 정죄하는 영, 자기 의로움의 영을 가지고 나아가는 것은 옳지 않다. 우리는 자신이 주님으로부터 받았던 것과 동일한 은혜와 사랑으로 그들에게 베풀어야 한다.

(황규명, 성경적 상담의 원리와 방법(바이블리더스 2008), p.234)

말씀의 꽃 · 나만의 일독 큐티

말씀의 열매 · 기도 제목

12월

8

갇힌 중에 낳은 아들

일독 성경 빌레몬서 1장 8-22절(빌레몬서 1-3장 中)

말씀의 씨앗

씨앗말씀 · 오늘 내게 심어진 한 절 말씀

오네시모는 빌레몬에게 잘못을 저지르고 도망친 종입니다.
바울이 이 사실을 알게 되었습니다. 그러나 그때 이미 오네시모는 믿음으로 거듭나서 좋은 신앙인이 되었습니다. 바울은 자신에게 도움이 되지만 바르게 지도할 필요를 느꼈습니다. 그래서 주인으로 섬기던 빌레몬에게 잘못을 뉘우치고 공식적으로 오네시모가 사역을 할 수 있도록 부탁을 합니다.

오늘 빌레몬서는 바로 진정한 회개와 용서의 모습을 통하여 이 땅에서 연약함과 거짓을 이겨서 하나님의 뜻을 나타내는 것을 보여 줍니다. 지위와 성별과 신분에 상관없이 우리가 지켜야 할 것은 믿음입니다. 그리고 서로를 인정해 주고 사랑하는 것입니다. 사도 바울은 감옥에 갇혀 있었습니다. 그래서 오네시모를 갇힌 중에 낳은 아들이라고 표현하고 있습니다. 혹시 필요하면 그의 값을 자신이 대신 치르겠다고까지 말합니다.

우리는 서로를 용납하고 이해해 주는 것이 필요합니다. 내 기준이 아니라 그 사람의 필요를 좇아 돕는 것입니다. 믿음으로 승리하는 삶이 되기를 소망합니다.

말씀의 가지

바울 서신 가운데 분량이 가장 짧고 사신(私信) 성격이 매우 강한 본 서신은 주인 빌레몬의 집에서 로마로 도망친 노예 오네시모를 주인에게 돌려보내면서 너그럽게 용서하기를 당부하는 내용으로 이루어져 있다. 그래서 본 서신에는 심오하고 어려운 교리나 신학적 내용도 없다. 다만 예수 그리스도의 사랑으로 비참하게 사형당할 수밖에 없는 노예의 죄를 너그럽게 용서하고 형제처럼 받아들여 달라는 사랑과 화해의 메시지만 있을 뿐이다. 그러기에 본 서신이야말로 "서로 사랑하라"(요 13:34)는 주님의 가르침이 삶의 현장에서 어떻게 실천되고 있는지를 보여 주는 가장 모범된 사례라 하겠다.

(네이버 백과사전 http://terms.naver.com, 빌레몬서)

말씀의 꽃 · 나만의 일독 큐티

말씀의 열매 · 기도 제목

12월

9

하나님을 시험하지 말라

일독 성경 히브리서 3장 7-19절(히브리서 1-3장 中)

말씀의 씨앗

씨앗말씀 · 오늘 내게 심어진 한 절 말씀

광야는 이스라엘 백성을 시험하던 장소가 아니라 그들을 애굽에서 구해내어 가나안으로 들어가게 하기 위한 길이었습니다. 백성들은 오히려 하나님을 시험하였습니다. 홍해를 건너자마자 물이 없다고 불평하고 만나를 주면 고기가 없다고 불평하고 모세가 십계명을 받으러 산에 오른 사이에 우상을 만들며 끊임없이 하나님의 마음을 아프게 합니다. 그런 이스라엘 백성을 사랑하신 하나님의 사랑으로 권면합니다.

"하나님을 시험하지 않으려면 하나님의 음성을 들으라."

듣지 않으면 말하는 사람의 뜻을 알 수 없습니다. 자기 임의대로 하는 것은 아무리 선한 일도 순종이 아닙니다. 강퍅하지 말라고 합니다. 이는 하나님의 노하심을 격동합니다. 이스라엘 백성은 하나님께 직접 말한 적이 없습니다. 강퍅하게 된 것은 바로 모세를 향한 표현입니다. 강퍅함이란 자기 고집을 꺾지 않는 굳은 마음을 의미합니다. 영적인 지도자에게 순종하는 것은 비록 실수가 있어도 세우신 하나님을 믿는 것입니다.

예수 그리스도 안에서 시작하여 예수님 안에서 인내하고 예수님 안에서 마무리하는 것이 진정한 믿음의 삶입니다. 순간마다 하나님이 기뻐하시는가?
자신의 태도를 다시 돌아보고 말을 조심하여 승리하는 삶이 되기를 소망합니다.

말씀의 가지

히브리서에서는 우리에게 중요한 다섯 가지 경고가 나온다. 그 첫번째 경고는 "모든 들은 것을 우리가 더욱 간절히 삼갈지니 혹 흘러 떠내려갈까"(히 2:1) 조심하라는 것입니다. 믿음은 말씀을 들음에서 납니다. 하나님의 말씀은 우리에게 구원을 주시는 하나님의 능력입니다. 구약의 율법도 예수 그리스도에 대해서 집중적으로 말씀하고 있다. 구원에 관한 진리를 알기 원하면 누구든지 반드시 성경 말씀과 접촉해야 한다. 성경을 통해서 하나님의 음성을 들을 수 있기 때문이다. 우리가 온전히 성경 말씀에 접하지 않으면 하나님의 생명이 우리 안에 흘러 들어오지 않기 때문이다. 말씀 안에 거하자!

(하용조, 예수님만 바라보면 행복해집니다(두란노 2004), p.34)

말씀의 꽃 · 나만의 일독 큐티

말씀의 열매 · 기도 제목

12월 10

고난으로 순종함을 배우라

일독 성경 히브리서 5장 1-10절(히브리서 4-7장 中)

말씀의 씨앗

씨앗말씀 · 오늘 내게 심어진 한 절 말씀

예수님은 우리를 위하여 대제사장이 되셔서
직접 자기 자신을 제물 삼아 우리의 모든 죄를 사하여 주셨습니다.
대제사장은 자신이 되고 싶어 되는 것이 아니라 하나님의 부르심으로 됩니다.
예수님은 십자가의 고난을 능히 피하실 수도 있었습니다.
그러나 연약한 육체를 입어 고통을 앞두고 간절한 마음으로 간구하십니 다.

"나로 이 잔을 피할 수만 있다면 피하게 하여 주십시오.
그러나 내 원대로 마시고 아버지 뜻대로 하소서…"

예수님은 스스로 영광을 취하지 않으시고 하나님 앞에 고난으로 순종하셨습니다.
그리하여 하나님의 약속을 온전하게 하셨습니다.
영원히 멜기세덱의 순서를 좇아 대제사장으로서 우리의 모든 죄를 사하셨습니다.

순종하는 모든 자의 구원을 이루어 주셨습니다.
예수님의 이름의 권세는 완전한 순종과 온전한 구원입니다.
그 이름만을 붙잡고 매 순간 승리하시길 소원합니다.

말씀의 가지

소망의 닻

고대에 모든 배들은 닻을 몇 개씩 달고 다녔다. 닻은 배를 항구에 정박시킬 때뿐만 아니라, 폭풍우 속에서 속도를 줄일 때에도 사용되었다. 시대에 따라서 닻을 만드는 재료도 달라졌는데 주로 돌이나 쇠나 납 등이 사용되었다. 모든 배들은 닻을 가지고 있다. 닻은 배가 물에 밀려 떠내려가지 않도록 유지시켜 주는 역할을 한다. 이 세상 거친 물결 속을 살아가는 우리들도 닻이 필요하다. 그리스도인들에게 닻은 '소망'이다. 천국 소망을 가질 때, 우리는 세상의 거친 물결에 휩쓸리지 않고 오직 그리스도께 계속 머물 수 있다(히브리서 6:18-19).

(김영진, 만나 성경(성서원 2010), p.359)

말씀의 꽃 · 나만의 일독 큐티

말씀의 열매 · 기도 제목

12월

11

보혈의 능력

일독 성경 히브리서 9장 11-22절(히브리서 8-10장 中)

말씀의 씨앗

씨앗말씀 · 오늘 내게 심어진 한 절 말씀

모세의 율법을 주셨을 때에도 책과 그릇에까지 피를 뿌려 그 언약을 확인했습니다. 이것을 하나님의 언약의 피라고 합니다. 피 흘림이 없이는 사함이 없다고 말씀하십니다.

"염소와 황소와 암송아지의 피로도 성결하게 하는 언약을 세우셨거든
하물며 흠도 없으신 그리스도 예수의 피가 어찌 하나님을 섬기게 못하겠는가?"

예수님의 보혈의 능력으로 우리는 하나님께 용서와 사랑을 받게 됩니다.
그리고 이 땅에 있는 보이는 나라가 아니라 하나님 나라를 유업으로 받게 됩니다.

유언하는 사람이 살아 있으면 언제 바뀔지 누구도 기약하지 못합니다.
그러나 죽으면 유언대로 받습니다. 예수님의 약속은 이미 자신을 내어 주시기까지 사랑하신 사랑입니다. 이제 약속을 바꿀 이유도 바뀌지 않습니다.

예수님의 이름을 믿기만 하면 예비하셨다고 약속하신 모든 나라를 받습니다. 하나님의 자녀되는 권세를 받습니다.
예수님의 보혈의 능력을 의지하여 승리하는 삶이 되기를 소망합니다.

말씀의 가지

히브리서 8장 6절에서 13절 말씀은 새 언약에 대해 기록하고 있는데, 하나님은 새 언약이 시내 산의 옛 언약과 같지 않다고 말씀하신다. 옛 언약이 강제로 사람을 통제하기 위해 외부에서 주어진 율법이라면 새 언약은 사랑으로 사람을 다스리기 위해 내면에 기록된 법이기 때문이다. 오직 우리가 하나님의 법을 사랑하게 될 것을 뜻한다. 우리는 자신의 마음에 새겨진 것은 무엇이나 사랑하기 때문이다. 확신컨데 하나님께서 그분의 법을 우리의 생각에 두신다는 것은 하나님이 그분의 기쁘신 뜻을 위하여 우리에게 소원을 두고 행하신다는 것과 같다. 이는 또한 우리가 하나님이 원하시는 바를 원하고 그분의 친절한 명령에 순종하리라는 것을 의미한다.

(한나 스미스, 그리스도인의 행복한 삶의 비밀(살림 2009), p.226)

말씀의 꽃 · 나만의 일독 큐티

말씀의 열매 · 기도 제목

12월

12

믿음은 바라는 것들의 실상이다

일독 성경 히브리서 11장 1-12절(히브리서 11-13장 中)

말씀의 씨앗

씨앗말씀 · 오늘 내게 심어진 한 절 말씀

말씀대로 믿음은 바라는 것들의 실상입니다. 지금은 없지만 믿음으로 있는 것입니다. 시점이 미래일 뿐이지 시간이 지나면 현재가 됩니다. 믿음이 없이는 아무것도 없습니다. 보이는 것으로 나타난 것을 말할 수 없습니다.

나무가 씨를 내고 그것을 심어 자란다고 말하는 것은 근본적인 해결이 아닙니다. 최초의 씨를 만드신 분이 필요합니다. 닭이 달걀을 낳아서 병아리가 되는 것이 아닙니다. 최초의 달걀이 필요합니다. 눈에 보이는 것으로 해결하려 하면 논쟁만 합니다. 그러나 믿음을 가지고 보면 하나님이 만드신 것으로 단순하고 명료합니다.

아벨이 가인보다 더 나은 제사를 드린 것도 믿음입니다. 에녹이 하나님을 기쁘시게 해드림으로 죽음을 보지 않고 하나님께 간 것도 믿음입니다. 노아가 사람들의 말에 흔들리지 않고 산에 배를 지은 것도 믿음입니다. 아브라함이 죽은 자와 같은 몸을 가지고도 사라에게 이삭을 낳은 것도 믿음입니다. 해변의 모래와 하늘의 별과 같이 수많은 믿음의 자손을 허락받습니다. 믿음을 통하여 하나님을 증거하는 삶이 말씀입니다. 매일의 삶이 말씀대로 믿음의 삶이 되기를 소망합니다.

말씀의 가지

히브리서 [Hebrews]

히브리서는 신약성서의 수수께끼다. 발신인과 수신인이 알려져 있지 않기 때문이다. 히브리서라는 제목이 붙은 이유는 구약을 자주 인용한다는 점, 모세나 아론, 이스라엘의 선지자 등 히브리 인물들보다 예수님이 더 위대하시다는 것을 증명하려 한다는 점 때문이다. 예수님이 천상의 위대한 제사장으로서 죄인들과 신을 중재한다고 말한다. 유대 사제들은 필요하지 않다는 뜻이다. 실제로 예수님은 궁극적인 사제일 뿐 아니라 궁극적인 희생자다. 히브리서 11장은 자주 인용되는 대목으로, 노아, 아브라함, 모세 등 과거에 신앙심이 깊었던 사람들을 '신앙의 명예 전당'에 넣어 칭찬하는 내용이 있다. 신앙의 생활을 지켜보고 권장하는 "구름같이 둘러싼 허다한 증인들"이 있다. 히브리서는 죄로 가득한 이 세상에서는 신앙이 시련을 겪게 마련인데, 바로 그것이 하나님께서 가르치는 방식이라고 말한다.

(J. Stenphen Lang, 교양인을 위한 바이블 키워드(들녘 2007), 히브리서)

말씀의 꽃 · 나만의 일독 큐티

말씀의 열매 · 기도 제목

12월 13

시험을 이기려거든

일독 성경 야고보서 1장 2-18절(야고보서 1-2장 中)

말씀의 씨앗

씨앗말씀 · 오늘 내게 심어진 한 절 말씀

성도에게 시험이 다가올 때 어떻게 해야 하는가? 말씀에서는 기쁘게 여기라고 가르쳐 주십니다. 믿음의 시련이 인내를 만들어 우리를 온전하게 합니다.
구하는 것에 꾸짖지 않으시고 채우시는 하나님을 바라보는 지혜를 주십니다.
그리고 오직 믿음으로 나아갈 때에 시험을 넉넉히 이겨 하나님을 기쁘시게 합니다.
시험을 통하여 인내와 지혜와 믿음의 근원이 하나님이심을 알고 소유하게 됩니다.

세상의 것이 없다고 낙담할 필요가 없습니다. **오히려 주실 하나님을 자랑합니다.**
세상의 것이 많다고 교만할 조건이 없습니다. **언제든 하나님이 거두실 수 있습니다.**

세상의 것은 마치 풀과 같이 시절이 지나면 시들게 됩니다. 그러나 하나님은 회전하는 그림자도 없으신 빛이십니다. 그것은 변함없는 진리입니다. 우리가 하나님을 떠나 계시지 않는다고 불평하여 시험에 들 뿐이지 하나님은 언제나 한결같으십니다.

오늘 말씀은 속지 말라고 경고하십니다. 오직 진리의 말씀으로 잉태된 믿음의 사람으로 살아갈 것을 권면하십니다. 시험을 이길 수 있는 유일한 길은 예수님이 보여 주신 것처럼 오직 말씀입니다. 말씀을 의지하여 날마다 시험을 이기고 승리하는 삶이 되기를 소망합니다.

말씀의 가지

목표 의식은 긍정적인 마음을 갖는 데 중요한 요소인 성취와 성공으로 우리를 이끌어 간다. 목표 의식은 인생에 의미를 주고 일하는 이유를 분명하게 한다. 목표 의식을 가지고 있는 사람들은 "나는 누구이고, 도대체 내가 왜 이곳에 있는가?"라는 의문에 거의 빠지지 않는다. 우리들은 누구나 어려움에 부딪혔을 때 부정적인 마음가짐과 태도들로 상심하기 쉽다. 그러나 야고보서에서는 다음과 같이 쓰여 있다. "내 형제들아, 너희가 여러 가지 시험을 만나거든 온전히 기쁘게 여기라"(약 1:2). 이 말은 앞뒤가 맞지 않는 우스운 말 같다. 어려움이 닥쳤을 때 왜 기뻐해야 하는가? 다음 구절을 보자. "이는 너희 믿음의 시련이 인내를 만들어 내는 줄 너희가 앎이라"(약 1:3). 여기에서 우리는 긍정적인 마음 자세를 유지하는 중요한 원칙을 갖게 된다. 어려움은 항상 더 나아지기 위한 계기를 가져다 준다.

(마이런 러쉬, 예수의 경영원리(요나출판사 1995), p.227)

말씀의 꽃 · 나만의 일독 큐티

더 생각해 보기

1. 시험을 기쁘게 여길 수 있는 방법은 무엇일까?(2–3절)
2. 의심 없는 믿음은 무엇이며, 어떻게 얻을 수 있는가?(6–8절)
3. 높음과 낮아짐을 자랑한다는 것은 무슨 의미일까?(9–10절)
4. 요즘 내가 견디고 있는 시험은 무엇인가?(12–14절)

12월 14

선생이 많이 되지 말라

일독 성경 야고보서 3장 1-12절(야고보서 3-5장 中)

말씀의 씨앗

씨앗말씀 · 오늘 내게 심어진 한 절 말씀

선생된 우리가 더 큰 심판을 받을 줄 알고 선생이 많이 되지 말라고 합니다.
선생이 아닌 우리는 예수님의 제자가 되야 합니다. 복음을 위해서만 선생이 되어야 합니다. 그래서 다스릴 것이 있습니다. 혀를 제어하여 가르치는 것이 아니라 나를 다스리기를 권면합니다.

큰 배가 작은 키로 움직이는 것처럼 혀는 작지만 가장 큰 역할을 합니다.
작은 불씨가 큰 나무를 태우는 것과 같이 인생의 모든 공을 하루아침에 태워 버릴 수 있는 것도 혀입니다. 그래서 이것을 지옥불에 비유하고 있습니다.

사람은 하나님의 형상대로 지음을 받았습니다.
그러므로 사람을 욕하거나 모함하는 것은 하나님을 욕되게 하는 것입니다.

한 입에서 찬송과 저주가 나오면 안 된다고 경고하십니다. 포도나무가 무화과를 맺지 못하는 것처럼 결국 혀의 말은 마음의 생각을 담아내는 것입니다. 혀를 다루시는 것이 온 인생을 다루시는 근본입니다.
날마다 찬송과 말씀이 하나님의 사람의 입을 통하여 증거되기를 소망합니다.

말씀의 가지

야고보 당시 예루살렘교회는 많은 박해 가운데 있었다. 유대인 기독교인들이 동족들로부터 많은 위협을 받고 있었다. 그래서 박해를 피하여 이방 땅으로 뿔뿔이 흩어지는 성도들도 많았다. 그러나 이방 지역이라 해도 예외는 아니었다. 이방 땅은 항시 로마 황제 숭배가 성행하는 곳으로 늘 배교의 위험이 도사리고 있었다. 게다가 믿음으로 의롭게 된다는 바울의 이신칭의 사상은 자칫 오해를 불러일으켜 믿음만 강조될 뿐 믿음에 걸맞은 삶은 외면당하고 있었다. 이런 상황에서 야고보는 본 서신을 통해 믿음으로 의롭다함을 받고 구원의 은총을 입은 자들이 이 땅에서 어떻게 살아가야 할지를 가르친다. 구원은 믿음으로 받지만 그믿음은 행위로 나타난다는 사실이다. 믿음과 행위의 상관 관계를 보여 주는 본 서신은 행함 없는 거짓 믿음이 범람하는 이 세대의 성도들이 다시 한 번 자신의 믿음을 점검해 보는 훌륭한 시금석이 될 것이다.

(라이프 성경사전(생명의말씀사 2006), 야고보서)

말씀의 꽃 · 나만의 일독 큐티

말씀의 열매 · 기도 제목

12월

15 주의 말씀은 세세토록 있도다

일독 성경 베드로전서 1장 13–25절(베드로전서 1–2장 中)

말씀의 씨앗

씨앗말씀 · 오늘 내게 심어진 한 절 말씀

허리를 동이고 근신하여 오직 예수님 오실 그날까지 은혜를 바라보라고 말씀하십니다. 사사로운 욕심을 버리고 오직 순종함으로 하나님께 나아가라는 말씀입니다. 우리가 그렇게 행할 수 있는 이유는 이미 예수님께서 거룩함의 본을 보여 주셨기 때문입니다. 부르신 이의 거룩함을 좇아 우리도 그 길을 가는 것입니다.

하나님은 외모를 보지 않으십니다. 각 사람의 행위대로 판단하십니다.

흠이 없는 어린양과 같이 순결하고 보배로운 피로 우리를 값 주고 사셨습니다. 십자가의 고통을 모두 이겨 내시고 끝까지 우리를 사랑하셨습니다. 예수님의 행하심이 이미 우리에게 사랑으로 본이 되셨습니다. 오직 믿음과 소망이 하나님 앞에 있도록 만들어 주셨습니다.

"육체는 풀과 같고 그 모든 영광은 풀의 꽃과 같으니
풀은 마르고 꽃은 시들지만 오직 주의 말씀은 세세토록 있을지어다!"

우리가 전할 가장 아름다운 꽃은 바로 예수님의 이름입니다. 복음의 능력입니다.

날마다 말씀을 통하여 시들지 않는 싱싱한 꽃이 되기를 소망합니다.

말씀의 가지

베드로전서의 대상은 소아시아 여러 지역에 두루 흩어져 있는 교회와 성도들이다. 당시는 네로의 대박해가 시작되는 시점이었다. 이런 박해는 로마를 넘어 이제 제국 전역으로 확산되기 시작하였다. 장차 임할 대박해의 심각성을 암시라도 하듯이 본서에는 무려 21회에 걸쳐 '고난'이란 단어가 나타난다. 사도 베드로는 본 서신에서 고난은 이 땅에서 나그네와 같은 삶을 살아가는 모든 성도들이 피할 수 없는 과정임을 분명하게 가르친다. 그리고 이 고난과 연단을 통해 능히 믿음의 승리를 이룬 자들만이 하늘 영광을 누리게 될 것임도 가르친다. 그러면서 예수께서도 우리 위해 육체의 고난을 겪으셨으며, 이런 고난을 몸소 체험하신 주님께서 주님 위해 고난당하는 자들의 사정과 형편을 아시고 능히 도와주실 것을 상기시킨다(4:1). 이런 주님이신데, 주님의 고난에 동참하는 우리 성도들을 그냥 내버려두시겠는가?

(J. Stenphen Lang, 교양인을 위한 바이블 키워드(들녘 2007), 베드로전서)

말씀의 꽃 · 나만의 일독 큐티

말씀의 열매 · 기도 제목

12월

16

고난의 영광

일독 성경 베드로전서 4장 12-19절(베드로전서 3-5장 中)

말씀의 씨앗

씨앗말씀 · 오늘 내게 심어진 한 절 말씀

믿음의 사람은 시련이 오는 것을 이상히 여기지 않습니다. 오직 그리스도 예수로 말미암아 당하는 고난을 즐거워합니다. 하나님의 영광이 나타날 때에 예수님과 함께한 모든 이는 기뻐하게 됩니다. 그래서 너희가 그리스도와 함께 욕을 받으면 복이 있다고 하셨습니다. 고난을 받아도 부끄러워할 필요도 없다고 하셨습니다.

우리의 평가는 지금 사람에게 받는 것이 아닙니다. 하나님의 심판대 앞에 섰을 때에 사람에게 칭찬받던 사람이 마치 벌거벗은 것처럼 하나님의 평가를 받게 됩니다.
그때 필요한 것은 하나님께 인정받는 것입니다. 예수님께서 우리를 위하여 중언하여 주실 때에 함께 고난받은 자를 그 영광에 함께 참여하도록 말씀하십니다.

우리가 행하는 가장 큰 축복의 일은
우리의 영혼을 우리를 만드신 완전하신 하나님 앞에 의뢰하는 것입니다.

후히 주시고 꾸짖지 않으시는 하나님은
우리의 모든 죄악과 연약함에도 불구하고 흡족히 받아주시는 아버지이십니다.

매일의 삶 속에 오직 하나님만을 신뢰함으로 승리하는 삶이 되기를 소망합니다.

말씀의 가지

하나님은 모든 것의 최선을 아시고 어떠한 상황에서도 자신의 영광을 우리의 삶에 이룰 능력을 갖고 계신다. 가만히 지켜보라. 예수님을 따르기 더 수월해질 것이다. 하나님에 대한 신뢰는 자라고 당신의 삶은 놀랍게 변화될 것이다. 시간을 두고 생각과 의견과 행동이 예수님을 닮아가는 것을 알게 될 것이다. 예전 같으면 그렇게 하지 못했을 텐데 여러 상황에 다르게 반응하는 자신의 모습을 보며 이런 생각을 할 것이다. "이것은 내 모습이 아닌데…" 아니, 사실은 그런 모습이었지만 당신이 상상하지 못할 정도로 당신을 사랑하시는 아버지와의 관계가 깨져서 자신의 참 모습을 스스로 알아채지 못했을 뿐이다. 당신을 지으셨을 뿐만 아니라 이 깨진 세상 속에서도 자유롭게 살도록 당신의 삶을 변화시켜 주신 하나님 아버지와의 관계가 회복된다. 베드로의 고백만큼 마무리하기에 좋은 것이 없을 듯하다(벧전 4:1–2). 예수님의 평안과 기쁨을 누리며 살자.

(웨인 제이콥스, 날 사랑하심(살림 2008), p.270)

말씀의 꽃 · 나만의 일독 큐티

말씀의 열매 · 기도 제목

12월

17 신의 성품

일독 성경 베드로후서 1장 1-11절(베드로후서 1-3장 中)

말씀의 씨앗

씨앗말씀 · 오늘 내게 심어진 한 절 말씀

우리는 큰 약속을 받은 사람입니다. 보배롭고 존귀한 예수 그리스도의 이름으로 구원을 받았습니다. 이제는 세상의 썩어질 것을 버리고 오직 하나님이 허락하여 주신 삶을 살아갑니다. 하나님의 형상대로 지음 받은 사람은 신의 성품을 담을 수 있는 그릇입니다. 믿음을 가지고 무엇이든지 용기를 내어 해낼 수 있습니다. 그러나 그 믿음과 함께 하나님의 덕을 세우며 살아갑니다. 감정에 치우치지 않고 하나님 안에서 주신 지식을 가지고 덕을 세워 갑니다. 그러나 그 지식은 오직 하나님을 벗어나거나 지나친 가르침이 아닌 절제를 통해 세웁니다. 절제를 하되 한 번 한 것으로 만족하지 않고 한결같이 인내로 합니다. 인내를 하는 목적은 오직 한 가지, 하나님 앞에 경건함으로 나아가는 것입니다. 혼자 경건하지 않습니다. 형제 우애를 통해 함께 합니다. 서로 사랑할 수 있는 이유는 오직 하나님이 사랑이시기 때문입니다. 이 모든 것이 하나님의 성품으로 우리의 삶을 아름다운 열매로 가득하게 해 주십니다.

우리를 부르시고 택하신 이를 기쁘시게 해드리는 삶은 이것을 행하는 삶입니다. 이렇게 사는 사람은 실족치 않습니다. 어떠한 고난 속에서도 하나님의 성품을 가졌기 때문입니다. 후히 주시되 차고 넘치도록 넉넉히 주시는 하나님을 신뢰함으로 날마다 승리하는 삶이 되기를 소망합니다.

말씀의 가지

마지막 때가 다가올수록 경건하고 거룩하게 사는 데 관심을 쏟아야 한다. 베드로후서 3장 10-12절은 우주의 종말이 어떻게 될 것인지에 관해 설명하고 있다. "체질이 뜨거운 불에 풀어지고 땅과 그중에 있는 모든 일이 드러나리로다. 이 모든 것이 이렇게 풀어지리니 너희가 어떤 사람이 되어야 마땅하뇨." "거룩한 행실과 경건한 마음으로 하나님의 날이 임하기를 바라보고 간절히 사모하라." 그렇다. 마지막 때의 참된 주제는 주님이 언제 오시는가가 아니라, 거룩한 행실과 경건함으로 사는 것이라고 말씀하셨다. 우리의 삶의 터전에서 이탈하여 어느 기도원으로, 어느 집단으로 가는 것이 아니라 내가 처해 있는 삶의 터전에서, 직장에서, 가정에서, 매일매일 하나님이 임하시기를 간절히 사모하며 거룩하고 경건하게 사는 것이라고 말씀하셨다.

(하용조, 참된 지도자(두란노 1996), p.172)

말씀의 꽃 · 나만의 일독 큐티

말씀의 열매 · 기도 제목

12월

18 세상은 지나가고 하나님은 영원하다

일독 성경 요한1서 2장 7-17절(요한1서 1-2장 中)

말씀의 씨앗

씨앗말씀 · 오늘 내게 심어진 한 절 말씀

하나님의 사람은 빛에 거하는 사람입니다. 오직 예수 그리스도의 복음의 능력을 가진 사람은 빛을 소유합니다. 그래서 가는 곳마다 빛을 전하기 때문에 빛이 됩니다.
어둠에 있는 사람은 방황할 수밖에 없습니다. 눈이 보이지 않는 것과 어둠 속에 있는 것은 동일하기 때문입니다. 빛으로 말미암아 자녀들은 오직 아버지를 알고 예수님으로 말미암아 구원에 이르고 아비들은 하나님 아버지를 알고 청년들은 악을 이기게 됩니다. 세상의 것을 사랑하지 않고 오직 하나님만을 바라보게 됩니다.
육신의 정욕과 안목의 정욕과 이생의 자랑은 모두 세상의 것입니다.
이 모든 것은 다 지나가되 오직 하나님의 뜻을 행하는 사람만 영원히 살게 됩니다.
매일의 삶 속에 하나님을 바라봄으로 승리하는 삶이 되기를 소망합니다.

말씀의 가지

에베소 역시 당시 소아시아에 팽배해 있던 영지주의자들의 준동이 극심하였다. 물질은 부정하고 악하며 영은 거룩하다는 이원론적 사고로 인해 이들은 인간의 육신을 부정한 것으로 보았다. 따라서 사람의 육신을 입고 세상에 오신 그리스도의 성육신을 부인하였다(2:22, 4:3). 또 육신은 부정하기 때문에 육신으로 하는 어떤 행위도 구원에 영향을 미치지 못한다고 하였다. 따라서 이들은 자연히 도덕폐기론으로 흘렀다. 그리하여 하나님을 믿는다고 하면서 오히려 도덕적으로 타락한 인사들이 영지주의자들 가운데는 더 많았다. 이런 폐해로 인해 교회는 극심한 혼란에 빠졌다. 이에 사도 요한은 예수 그리스도는 하나님의 아들이요, 참 인간이며 참 신이심을 분명하게 가르쳤다.
또한 예수 그리스도의 성육신을 부인하는 자는 거짓말하는 자요 이단이라고 정의했다. 나아가서 성도는 이단을 경계할 뿐만 아니라 성도간에, 이웃간에 피차 사랑하여 그리스도로부터 받은 바 사랑을 몸소 실천할 것을 당부하였다(요일 2:6,9-10). 왜냐하면 이단과 참성도의 차이는 윤리적 측면에서 극명하게 드러나기 때문이다. 또 성도가 피차 사랑해야 하는 이유는 하나님의 본성이 사랑이요, 하나님께서 먼저 우리 죄인들을 사랑하셨기 때문이다. 주님으로부터 말로 다할 수 없는 사랑을 받았으니 그 사랑을 나누며 살라는 요한의 가르침은, 사랑이란 말처럼 흔한 말도 없지만 정작 참사랑은 찾아보기 어려운 이 시대에 다시 한 번 되새겨 보아야 할 소중한 교훈이라 하겠다.

(라이프 성경사전(생명의말씀사 2006), 요한1서)

말씀의 꽃 · 나만의 일독 큐티

말씀의 열매 · 기도 제목

12월

19

하나님은 사랑이시라

일독 성경 요한1서 4장 7-21절(요한1서 3-5장 中)

말씀의 씨앗

씨앗말씀 · 오늘 내게 심어진 한 절 말씀

하나님은 사랑이십니다. 하나님은 그 사랑을 말로 하지 않으셨습니다. 하나님께서 독생자 예수 그리스도를 보내신 것으로 모든 것이 설명됩니다. 예수님의 이름을 믿기만 하면 하나님의 사랑 안에 거하게 됩니다. 이것은 어떠한 세상의 선물과 비교할 수 없는 하나님의 고귀한 선물입니다. 하나님을 본 사람이 없지만 우리가 서로 사랑하면 알 수 있습니다. 이 선물을 가지고 심판의 날에 담대히 그 사랑을 말할 수 있습니다. 그 사랑 안에 두려움이 없고 온전함을 이루게 됩니다. 위대한 사랑은 두려움이 없습니다. 목숨까지도 내어 줄 수 있기 때문입니다. 우리가 먼저 사랑한 것이 아니라 하나님이 우리를 먼저 사랑하셨고 예수님을 보내 주셨습니다.

이제 우리가 해야 할 일은 이 사랑을 전하는 일입니다. 사랑할 만한 사람을 사랑하는 것은 모두가 할 수 있는 일입니다. 미워할 수밖에 없는 사람을 사랑하는 것은 참된 예수님의 모습을 삶 가운데 증거하는 일입니다. 우리의 삶 가운데 예수님의 모습과 아름다운 향기가 드러나기를 원합니다. 세상 가운데 교회를 세우신 것은 더 많이 사랑하라는 하나님의 사명입니다. 그 사랑으로 승리하는 삶이 되기를 소망합니다.

말씀의 가지

요한 1서 3장 14절을 보면 영생을 얻는 조건으로 "우리는 형제를 사랑함으로 사망에서 옮겨 생명으로 들어간 줄을 알거니와 사랑하지 아니하는 자는 사망에 머물러 있느니라"라고 말했다. 우리가 형제를 '사랑함으로써' 구원에 이른다는 말인 것이다. 그러나 요한은 먼저 쓴 요한복음 5장 24절에서는 믿음으로써 구원에 이른다고 주장하고 있다. (중략) 오순절 사건 이후 여러 곳에서 교회가 세워지기 시작했다. 그런데 믿음의 공동체였던 교회에서 서로 다투는 일이 벌어졌다. 요한은 이 상황을 이해할 수 없었다. 예수님의 구속 사역을 믿는 것은 곧 그분의 사랑을 믿는 것이기 때문이다. 예수님의 사랑을 진정으로 믿었다면 그 사랑 때문에 자기 역시 다른 사람들을 사랑하는 것이 마땅했다. 만약 다른 사람을 사랑하지 않는다면, 그 사람은 자신을 향한 주님의 사랑을 믿지 못하는 것과 다름없다. 그래서 요한은 '믿음으로써' 구원에 이른다는 말을 '사랑함으로써 구원에 이른다'는 말로 바꿔 쓴 것이다. 그에게 믿음과 사랑은 동의어였기 때문이다.

(유기성, 내 안에 계신 예수님과의 행복한 동행(넥서스 2009), p.207)

말씀의 꽃 · 나만의 일독 큐티

말씀의 열매 · 기도 제목

12월

20

삶으로 쓰는 편지

일독 성경 요한2서 1장 1–13절(요한2서 1장 中)

말씀의 씨앗

씨앗말씀 · 오늘 내게 심어진 한 절 말씀

순회 선교사들에 의하여 많은 믿음의 사람들이 힘을 얻게 됩니다. 선교사들이 오면 감사함으로 후한 대접과 사랑을 베풉니다. 그러나 이것을 이용해 거짓 선교사들이 거짓된 가르침으로 오는 것을 구별하지 못하고 미혹되거나 혼란스러움을 면하지 못하는 경우가 많이 생깁니다.

요한은 이에 대하여 변하지 말고 잃지도 않기를 권면합니다. 말씀을 지나쳐 진리에서 벗어나지 말라고 말합니다. 이런 교훈을 가지고 오는 사람을 받아들이지 말고 악한 일에 참여하지 말라고 합니다. 진리의 말씀 외에 그 어떤 것도 용납할 수 없습니다.
오직 예수 그리스도께서 육신을 입고 이 땅에 오셔서 죽기까지 사랑하사 죄의 대가를 치르시고 구원하여 주신 것만이 복음입니다.

그리고 이제 이것을 전하는 것은 우리의 사명입니다. 이것을 지키는 것은 우리의 책임입니다. 말과 글로 하는 것이 아니라 삶으로 쓰는 것입니다. 우리의 삶 전체가 온전한 상이 되기를 소망합니다.

말씀의 가지

'적그리스도'라는 말은 요한의 서신 두 군데에만 나온다(요한일서 2:18; 요한이서 1:7). 적그리스도는 특정한 개인을 가리키는 게 아니라 그리스도의 일에 반대하는 모든 자를 가리킨다. 요한은 세상에 적그리스도가 '많이' 있다고 말한다. 적그리스도란 '그리스도의 적'도 되고 '가짜 그리스도'도 된다.

바울은 적그리스도라는 말 대신 '멸망의 아들'(현대식으로 말하면 '무법자')이라고 말했는데, 뜻은 마찬가지다(데살로니가후서 2:3). 예수는 제자들에게 '거짓 그리스도들'이 일어날 것이라고 경고했다(마가복음 13:22).

(J. Stenphen Lang, 교양인을 위한 바이블 키워드(들녘 2007), 적그리스도)

말씀의 꽃 · 나만의 일독 큐티

더 생각해 보기

1. 진리를 행하는 자는 무엇을 행하는 자인가?(4절)
2. 나는 내 삶의 영역에서 진리와 사랑을 행하고 있는가?(5–6절)
3. 교훈 안에 거하려면 어떻게 해야 할까?(8–9절)
4. 거짓된 자들을 구별하려면 어떻게 해야 할까?(6,10–11절)

12월

21 네 영혼이 잘됨 같이

일독 성경 요한3서 1장 1-15절(요한3서 1장 中)

말씀의 씨앗

씨앗말씀 · 오늘 내게 심어진 한 절 말씀

범사에 잘되는 것보다 영혼이 잘되는 것이 우선입니다.

"사랑하는 자여 네 영혼이 잘됨 같이
네가 범사에 잘되고 강건하기를 내가 간구하노라."

자녀가 건강하고 온전하게 살아가는 것이 부모의 가장 큰 기쁨인 것처럼 성도에겐 믿음의 간증이 가장 큰 기쁨과 즐거움이 됩니다. 디오드레베라는 사람이 선교사가 왔을 때에 악한 말로 소문을 내고 오히려 머물지 못하도록 막는 행동을 하였습니다.
악한 자들을 본받지 말고 선한 것을 본받으라고 말합니다.

선을 행하는 사람은 하나님께 속하고 악을 행하는 사람은 하나님을 보지 못합니다.
하나님을 보기 원하는 사람은 선을 행하는 삶을 통해 스스로 볼 수 있습니다.
이제는 먹과 붓으로 쓰지 않고 오직 삶으로 증거하는 것이 진짜입니다.
오직 주님을 바라봄으로 승리하는 삶이 되기를 소망합니다.

말씀의 가지

요한3서는 가이오(1:1–8)와 디오드레베(1:9–11)라는 상반된 두 인물이 나타난다. 가이오는 순회 전도자를 환영하고 극진히 영접함으로 복음이 널리 전파되는 데 크게 일조한 인물이다. 반면, 디오드레베는 비록 교회의 지도적 위치에 있었지만 가이오와는 달리 오히려 복음 사역을 방해하고 대적하는 자였다. 무엇보다 그는 '으뜸 되기를 좋아하는 자'였다(1:9). 어쩌면 그는 요한의 지도권에 도전하고 그 자리를 넘보며 교회를 어지럽혔는지도 모른다. 아무튼 이 두 인물은 지상 교회 어디에서나 나타날 수 있는 모형이 될 수 있다. 지상 교회 내에서는 교회의 복음 사역을 위해 헌신적으로 일하는 자가 있는가 하면 오히려 교회의 복음 사역에 해를 끼치는 자도 있다. 본 서신은 이런 형편에서 우리 스스로를 돌아보게 하며 또한 우리가 어떤 자리에 서야 할지 결단하게 해 준다.

(라이프 성경사전(생명의말씀사 2006), 요한 3서)

말씀의 꽃 · 나만의 일독 큐티

말씀의 열매 · 기도 제목

12월

22

홀로 하나이신 하나님

일독 성경 유다서 1장 3–16절(유다서 1장 中)

말씀의 씨앗

씨앗말씀 · 오늘 내게 심어진 한 절 말씀

예수님을 부인하는 자들에게 경고의 말씀을 전합니다. 예수님은 영으로만 계신 분이 아니십니다. 우리를 위하여 육신을 입으시고 오신 분이십니다. 자리를 지키지 못한 천사들을 결박하여 심판의 날까지 가두셨으며 소돔과 고모라와 같이 간음한 도시에 불의 형벌을 내리셨습니다. 육체를 더럽히는 이들은 하나님 앞에 더러운 사람이요 심판을 면치 못할 사람입니다.

천사장 미가엘의 예를 들어 설명합니다. 모세의 시체에 관하여 마귀와 다투어 변론할 때에 감히 스스로 하지 못하고 오직 하나님이 하실 것이라고 이야기합니다. 자기가 결정하고 자기가 인도하는 것이 아니라 하나님을 끝까지 기다리고 바라봅니다.

가인의 길과 발람의 길과 고라의 길로 타락하여 행하는 사람은 멸망을 받습니다. 영원히 유리하고 어둠 속에 있게 됩니다. 경건하지 않은 사람과 원망과 불만과 정욕과 자랑과 아첨이 있는 자들은 심판을 받습니다.

하나님은 오직 거룩한 예배자를 찾으시고 인도하시기를 원하십니다.
매일의 삶이 하나님이 찾으시는 사람으로 쓰임 받기를 소망합니다.

말씀의 가지

유다서 1장 14-15절을 보면, 에녹이 살던 시대는 말할 수 없이 패역하고, 하나님의 심판이 임박했던 아주 타락한 시대였다. 에녹이 므두셀라를 낳고, 므두셀라가 라멕을 낳고, 라멕이 노아를 낳은 후 노아 때 대홍수 심판이 있었던 것을 보면 당시 사회가 얼마나 타락했는지 알 수 있다. 성경에 기록되지 않았기 때문에 다 알 수는 없지만 에녹은 분명히 심판에 관한 하나님의 경고를 받았을 것이다. 그는 하나님이 심판하실 수밖에 없는 상황 속에서 므두셀라를 낳았고, 므두셀라가 죽고 난 후 대홍수가 일어났다. 므두셀라를 보면서 에녹은 경고를 받았던 것이다. 아마 심판이 있다는 것을 알면 누구도 함부로 살 수 없다. 주님이 곧 다시 오신다는 생각을 하는 사람은 자기 멋대로 신앙생활하지 않는다.

(하용조, 예수님만 바라보면 행복해집니다(두란노 2004), p.284)

말씀의 꽃 · 나만의 일독 큐티

말씀의 열매 · 기도 제목

12월

23 하나님의 교회 빌라델비아

일독 성경 요한계시록 3장 7–13절(요한계시록 1–3장 中)

말씀의 씨앗

씨앗말씀 · 오늘 내게 심어진 한 절 말씀

계시록은 마치 꿈속의 이야기처럼 상징 언어를 사용합니다. 그래서 묘사된 것들의 의미를 알아야 해석이 됩니다. 특별히 처음을 하나님의 교회에 대한 묘사로 시작합니다. 이것은 교회를 통해 역사하시고 교회를 사랑하시는 하나님의 마음입니다.

에베소교회, 서머나교회, 버가모교회, 두아디라교회, 사데교회, 라오디게아교회는 모두 하나님 앞에 책망을 받습니다. 첫 마음을 잃고 우상을 섬기고 충성을 떠난 교회에 다시 회개하라고 말씀하십니다. 그러나 빌라델비아교회만은 칭찬을 받습니다.
홍수 속에 귀한 물처럼 많은 교회 중에 칭찬받는 교회입니다.

무엇으로 칭찬받았습니까?
인내의 말씀을 지켰습니다. 견디고 힘써 지켜 낸 것입니다.
하나님이 여시면 닫을 자가 없고 하나님이 닫으시면 열 자가 없습니다. 그러나 그 열쇠는 우리가 소유한 것이 아닙니다. 소유하신 예수님을 영접해야 열 수가 있습니다.

예수 그리스도 안에서 문을 여시고 시험을 이기게 하시며 우리의 면류관을 아무도 빼앗지 못하게 하십니다. 오직 하나님의 교회의 기둥이 되게 하시사 든든히 순종하며 승리하게 하십니다. 세상의 기쁨이 아닌 교회를 세우고 지지하는 튼튼한 기둥이 되기를 소망합니다. 하나님은 살아 계시고 놀라운 은혜와 능력으로 함께하십니다.

말씀의 가지

요한계시록 [Revelation]

요한계시록은 성서의 맨 마지막을 장식하는 책답게 세상의 종말을 이야기한다. 그러나 동시에 새 세상의 출발도 이야기하므로 성인들에게는 희소식이고, 죄인들에게는 나쁜 소식이다. 계시록은 묵시록이라고도 부르는데, '계시'를 뜻하는 그리스어 아포칼립시스(αποκαλψπσισ)에서 나온 말이다. 저자인 요한은 예수의 사도인 요한으로 추측된다. 요한은 그리스도교를 몹시 싫어한 로마 황제 도미티아누스의 추방령을 받아 황량한 바위섬인 그리스의 파트모스로 와서 계시록을 썼다(황제는 자신을 '주인이자 신'으로 섬기지 않는 사람들은 전부 박해했다. 그러나 초기 그리스도교도들은 황제의 명을 거부했다).

(J. Stenphen Lang, 교양인을 위한 바이블 키워드(들녘 2007), 요한계시록)

말씀의 꽃 · 나만의 일독 큐티

말씀의 열매 · 기도 제목

12월

24 기도의 향기

일독 성경 요한계시록 5장 1-10절(요한계시록 4-6장 中)

말씀의 씨앗

씨앗말씀 · 오늘 내게 심어진 한 절 말씀

보좌에 앉으신 이의 오른손에 책이 있습니다. 그 약속과 축복이 인으로 봉인되어 있기 때문에 누구도 볼 수 없습니다. 누구도 그 인을 뗄 수가 없습니다. 사도 요한은 눈물을 흘리며 슬퍼합니다. 그때 장로 중 한 사람이 말합니다. "울지 말아라. 유다 지파의 사자 다윗의 뿌리가 이겼으니 이 인을 떼시리라." 그때 어린양이 보좌와 장로와 네 생물 가운데서 행하여 그 책을 취하십니다. 그때 이십사 장로들과 네 생물이 엎드려 거문고와 향이 가득한 금 대접을 가졌는데 그 향은 바로 성도들의 기도입니다. 우리의 기도는 하나님 앞에 드려지는 향기입니다. 제사를 통하여 연기와 향이 하나님을 영화롭게 하는 것이 의식이라면 이제는 그 의식이 밖에 있지 않고 우리 안에 있습니다. 우리가 시간과 장소를 구별하여 하나님 앞에 헌신하며 기도하는 것이 바로 하나님을 영화롭게 해드리는 향기입니다.

우리가 의지하고 기도하는 예수님만이 그 인을 떼시고 그 죽으심으로 허락받은 구원의 능력을 베푸실 수 있습니다. 하나님의 땅에서 이제는 죄의 종이 아니라 왕 같은 제사장으로 세우십니다. 우리를 인도하시고 주관하시는 예수 그리스도의 사랑과 은혜가 충만하기를 소망합니다.

말씀의 가지

구속의 역설은 계시록 5장에 나오는 예수에 대한 생생한 묘사에서도 볼 수 있다. 유다의 사자요, 다윗 왕가의 최고의 왕이신 예수는 죽임 당하신 어린양으로 묘사되었다. 세계 역사책의 봉인을 떼시기에 홀로 합당하신 분, 갈등을 해결하여 하나님의 목적이 이루어지는 새 시대로 우리를 인도하기에 합당한 분은 바로 죽임을 당하신 어린양이시다. (중략) 예수는 참된 왕권의 의미를 알았기에 자신을 왕으로 삼고자 했던 대중의 갈채에 저항했으며, 구속을 이루기 위해 십자가의 길을 결연히 걸었다. 예수는 제자들에게 이방인들처럼 권력을 다른 사람들을 다스리는 데에 사용하지 말라고 가르쳤다. 그 대신 그 권력을 서로 섬기는 데에 사용하라고 하셨다.

(리차드 미들턴, 포스트모던 시대의 기독교 세계관(살림 2007), p.279)

말씀의 꽃 · 나만의 일독 큐티

말씀의 열매 · 기도 제목

12월

25 구별하여 부르신 백성

일독 성경 요한계시록 7장 1-17절(요한계시록 7-9장 中)

말씀의 씨앗

씨앗말씀 · 오늘 내게 심어진 한 절 말씀

하나님의 심판이 임하셨을 때에 구별하여 인치심을 입은 자들이 있습니다. 말씀에서는 십사만 사천 명으로 표현합니다. 이는 완전한 수요, 능히 셀 수 없는 하나님의 구별된 백성을 이야기합니다. 그들이 흰옷을 입고 종려나무 가지를 흔들며 보좌 앞에서 외칩니다.

"구원하심이 보좌에 앉으신 우리 하나님과 어린양에게 있도다!
오직 찬송과 영광과 지혜와 감사와 존귀와 능력과 힘이
우리 하나님께 세세토록 있을지어다. 아멘!"

우리를 그 보혈로 씻어 희게 하시사 거룩함을 입게 하십니다. 피로 씻었는데 더 하얗게 되는 것은 사람의 상식으로 불가능하지만 오직 하나님만이 하실 수 있습니다.
예수 그리스도의 보혈의 능력으로 우리를 씻어 흰옷을 입고 하나님을 찬양하게 하십니다. 더 이상 주리지도 않고 목마르지도 않고 해와 뜨거운 기운에 상하지 못하는 곳. 예비된 하나님의 나라에서 눈물을 거두시고 쉬게 하십니다. 하나님을 바라보는 사람에게만 예배된 나라를 잃지 않고 끝까지 승리하는 삶이 되기를 소망합니다.

말씀의 가지

십사만 사천(144000)

구원받은 모든 영적 이스라엘 백성을 총칭한 숫자(계 14:1). '144000'이란 숫자는 수치상(수학적)으로 고정시킬 수 있는 수가 아니라 하나님의 주권에 의해 구원받은 자가 셀 수 없을 정도로 큰 무리를 이루게 될 것을 시사하는 상징성을 띤 숫자로 봄이 좋을 듯하다. 한편 성경문학적 관점에서(상징적인 측면에서) '144000'은 하나님(하늘)의 완전수 '3'과 세상(지상, 땅)의 완전수 '4'를 곱하여 '12'를 2회 반복 곱한 수인 '144'에 다시 완전과 충만의 수인 '1000'을 곱한 수이다. 따라서 '144000'이란 '하늘과 땅'과 '구약과 신약' 곧 전 우주와 전 역사를 총망라하여 하나님이 친히 택하여 부르신 구원받은 성도가 한 사람도 빠지지 않을 것과 그 숫자가 무한히 많을 것임을 암시한다(계 7:4).

(라이프 성경사전(생명의말씀사 2006), 십사만 사천)

말씀의 꽃 · 나만의 일독 큐티

말씀의 열매 · 기노 제목

12월 26

하늘의 전쟁

일독 성경 요한계시록 12장 1-13절(요한계시록 10-12장 中)

말씀의 씨앗

씨앗말씀 · 오늘 내게 심어진 한 절 말씀

요한이 두 환상을 봅니다. 한 여인이 아이를 배어 해산하려고 합니다. 큰 붉은 용이 별의 삼분의 일을 삼키며 여인이 아이를 낳으면 삼키려고 합니다. 이 두 환상은 교회와 세상의 모습입니다. 하나님의 뜻대로 그 영광을 나타내기 위해서는 고통이 필요합니다. 그러나 사탄은 언제나 공격하고 미혹하고 넘어뜨리려 합니다.

하나님께서 처소를 예비하여 여인을 보호하십니다. 하나님의 사람은 고난 속에서도 하나님의 피난처를 발견합니다. 그리고 미가엘이 나가 큰 붉은 용, 즉 사탄과 하늘의 전쟁을 벌입니다. 그리고 승리합니다. 이것은 당연한 결과입니다.

그 승리의 힘은 바로 어린양의 보혈의 능력 예수 그리스도이십니다. 육의 눈으로 보이지 않는다고 영적인 전쟁이 없다 할 수 없습니다. 언제나 하나님을 의지하는 우리를 보이지 않는 곳에서 예수 그리스도의 능력으로 승리하게 하십니다.
날마다 오직 예수님 안에서 영적인 승리를 맛보며 살아가기를 소망합니다.

말씀의 가지

미가엘 [Michael]

일곱 수호신 가운데 하나이다. 히브리어로 '하나님과 같은 자는 누군가'라는 뜻이다. 성경의 다섯 곳(단 10:13,21,12:1; 유다 1:9; 계 12:7)에서 보인다. 원래는 유대교의 신관념에서 비롯된 사상으로, 외경 에녹서 20장에 상세히 기술되어 있다. 선민(選民)의 수호자, 용의 형상을 한 사탄(악마)과의 싸움에서 하나님의 세력을 나타내는 천사로 그려져 있다. 동방 교회에서는 일찍부터 숭배해 왔으나, 서방 교회에서는 5세기에 몬테 가르가노의 《미가엘의 출현》 등이 있은 이래 차츰 성행하게 되었다. 회화에서는 전사의 모습으로 그려지는 경우가 많으며, 마지막 대심판 때에 저울을 들고 있는 모습도 있다.

(J. Stenphen Lang, 교양인을 위한 바이블 키워드(들녘 2007), 미가엘)

말씀의 꽃 · 나만의 일독 큐티

말씀의 열매 · 기도 제목

12월

27 이마에 새겨진 이름

일독 성경 요한계시록 14장 1-7절(요한계시록 13-14장 中)

말씀의 씨앗

씨앗말씀 · 오늘 내게 심어진 한 절 말씀

마지막 때에 하나님을 떠난 사람들은 표를 받는데 그 표가 666입니다. 이것은 사람의 상식으로 해석하는 바코드나 칩으로 해석하는데 어떤 것이 되었든지 그것을 보면 사탄의 표임을 알 수 있습니다. 그리고 그것이 있어야 거래가 가능하여 생활할 수 있는 시기가 다가옵니다.

오늘 말씀은 반대로 하나님의 사람들을 구별하여 주십니다. 어린양이 시온산에 서 있습니다. 그리고 십사만 사천 명의 구별된 성도들이 서 있는데 그들의 이마에는 어린양의 이름과 아버지의 이름이 쓰여있습니다.

하나님의 사람은 처음 보는 순간부터 예수님의 이름이 증거됩니다. 얼굴에 쓰여있습니다. 하나님의 음성이 어떤 이에게는 우렛소리로 어떤 이에게는 많은 물소리로 들립니다. 사도 요한에게는 거문고를 타는 것과 같은 노래로 들립니다.
모든 성도들이 새 노래를 부르는데 이것은 배워서 하는 것이 아닙니다. 성결하고 순종으로 예수님 안에 속한 자들에게 주시는 은혜입니다. 거짓과 흠이 없이 오직 입으로 하나님을 찬양합니다.

세상이 모두 무너져도 복음 들고 끝까지 경배하며 승리하는 삶이 되기를 소망합니다. 하나님의 사람은 언제나 하나님의 영광이 그 모습에 나타납니다.

말씀의 가지

짐승의 수 666

히브리어나 헬라어와 같은 고대 언어의 알파벳에는 각 철자마다 고유한 숫자가 있어서 어떤 이름을 비밀에 부칠 때 흔히 철자를 숫자화하는 관습이 있었다. 이에 근거하면 666이란 숫자는 일차적으로 당시 기독교의 대박해자인 짐승 같은 네로 황제를 가리킨다. 네로란 이름의 헬라어를 수치화하면 666이 되기 때문이다. 그렇지만 궁극적으로 이 숫자는 장차 올 강력한 적그리스도의 세력, 곧 사탄의 수를 상징한다고 볼 수 있다. 성경의 계시문학에서 6은 완전수 7에서 하나가 모자라는 수로, 불완전과 세속성을 상징한다. 이 같은 불완전의 수가 셋이 결합되어 있는 것은 가장 불의하고 파괴적이며 세속적인 그 무엇, 어쩌면 요한계시록에 등장하는 사탄과 짐승과 거짓 선지자의 세력을 상징하는 숫자일 수 있다(계 16:13).

(김영진, 만나 성경(성서원 2010), p.410)

말씀의 꽃 · 나만의 일독 큐티

더 생각해 보기

1. 십사만 사천이라는 숫자가 의미하는 것은 무엇일까?(1절)
2. 이마에 어린양과 그 아버지의 이름을 썼다는 건 무슨 의미인가?(1절)
3. 순결한 자와 흠이 없는 자들은 누구를 뜻하는가?(4절)
4. 우리가 전할 영원한 복음은 무엇인가?(6-7절)

12월

28 진노의 일곱 대접

일독 성경 요한계시록 16장 1–21절(요한계시록 15–16장 中)

말씀의 씨앗

씨앗말씀 · 오늘 내게 심어진 한 절 말씀

하나님께서 진노의 대접을 쏟으매 땅에 속하여 짐승의 표를 받고 하나님을 떠난 사람들이 큰 아픔과 재앙을 맞게 됩니다. 천사가 가로되 하나님의 사람을 괴롭힌 사람들의 심판이 합당하다 말합니다. 하나님의 의로우신 심판의 기준은 사람과 같이 흔들리거나 거짓되지 않습니다. 오직 하나님 안에 놀라운 은혜와 섭리만이 있습니다.

그러나 네 번째 다섯 번째 여섯 번째 대접의 재앙이 쏟아져도 영적인 눈과 귀가 가려진 사람들은 깨닫지 못하고 회개하지 않습니다. 하나님의 때에 깨어 옷을 입고 자기의 부끄러움을 보이지 아니하는 사람들은 복이 있다고 말씀하십니다. 세상에 물들지 않고 오직 하나님을 경외하는 사람들을 보호하십니다. 용과 짐승과 거짓 선지자의 입에서 개구리 같은 귀신의 더러운 영이 나옵니다. 그리고 세상의 왕들을 아마겟돈으로 모아 전쟁을 준비합니다. 일곱째 대접이 쏟아지매 바벨론이 무너집니다. 세상은 그 권세가 영원할 것처럼 자랑하지만 결국 무너지고 맙니다.

하나님의 사람은 당장에 고난과 역경이 있는 것 같지만 결국 생명에 거합니다. 진정한 능력은 영원한 생명을 가지신 하나님의 손에 있습니다.
마지막 때에 하나님은 다 아시고 심판하십니다. 그 의의 심판은 믿는 자들에게 축복입니다. 끝까지 깨어 기도함으로 승리하는 삶이 되기를 소망합니다.

말씀의 가지

아마겟돈 [Armageddon]

요한계시록에 나오는 세기말 선과 악이 싸울 최후의 전쟁터로, 대개의 문화에서 시간의 끝이나 혹은 그와 비슷한 재앙을 나타내는 말이다. 하르-마게돈(Har-Magedon)은 "므깃도 산"을 의미하는 히브리어에서 유래되어 "전능자이신 하나님의 큰 날의 전쟁"과 직접 연관되어 있다. 이 용어는 특히 "사람이 거주하는 온 땅의 왕들"이 여호와를 반대하고 예수 그리스도에 의한 그분의 왕국을 반대하여 모이는 상태나 상황을 가리킨다. 하르-마게돈은 단순히 사람들끼리의 싸움이 아니라 하나님의 보이지 않는 군대가 참여하는 싸움임을 알 수 있다. 그 싸움은 다가오고 있음이 확실하며, "하늘의 군대와 땅의 주민들 가운데서 자신의 뜻대로 행하고 계"시는 여호와 하나님이 정하신 때에 벌어질 것이다.

(위키백과, https://ko.wikipedia.org/wiki/아마겟돈)

말씀의 꽃 · 나만의 일독 큐티

말씀의 열매 · 기도 제목

12월 29

붉은 짐승을 탄 여인의 멸망

일독 성경 요한계시록 17장 6-18절(요한계시록 17-18장 中)

말씀의 씨앗

씨앗말씀 · 오늘 내게 심어진 한 절 말씀

머리 일곱과 열 뿔을 가진 붉은 짐승과 여인이 등장합니다. 천사가 이에 대하여 설명해 줍니다. "일곱 머리는 일곱 왕이다. 다섯은 망하고 하나는 있고 다른 이는 아직 이르지 않았다." 열 뿔도 열 왕이니 아직 나라를 얻지 못하다가 짐승으로부터 잠시 임금의 권세를 받습니다. 세상 임금들이 다시 짐승에게 권세와 능력을 줍니다.

결국, 짐승은 하나님을 떠난 사악한 권력을 상징합니다. 그리고 여인은 바벨론을 상징합니다. 환상 속에서 음녀가 짐승에게 망하게 됩니다. 결국, 사탄의 화가 사탄의 미워함으로 망하게 되는 모습입니다. 세상은 서로 상처를 입히고 넘어뜨림으로 자신을 드러냅니다. 결국, 그 싸움은 끝이 없습니다.

그러나 믿음의 사람은 거짓과 불의와 음란을 버리고 하나님 앞에 나아옵니다.
그리고 예수님과 더불어 함께 갑니다. 승리하신 예수님의 승리에 동참하기 때문에 항상 이깁니다. 이것이 세상과 구별된 하나님의 사랑입니다. 바벨론은 세상 속에서 망했지만, 이스라엘은 하나님 안에서 다시 세움을 받습니다. 모든 것을 주관하시고 다스리시고 인도하시는 하나님을 의지함으로 승리하는 삶이 되기를 소망합니다.

말씀의 가지

붉은 옷의 여자 [Scarlet Woman]

요한계시록 17장은 '큰 음녀'가 "자주 빛과 붉은 빛 옷을 입고" 붉은 빛 짐승을 타고 오는 환상을 서술한다. 그 여자의 이마에는 '큰 바벨론, 땅의 음녀들과 가증한 것들의 어미'라는 문신이 새겨져 있다. 성서에서 매춘은 이중적인 뜻으로 사용된다.

성적인 의미만이 아니라 우상 숭배도 포함한다. 요한계시록의 환상은 실제의 여자가 아니라 세속의 정부, 고대 바빌론처럼 사악하고 억압적인 권력을 가리킨다.

여기서 유래한 '붉은 옷의 여자'라는 말은 행실이 바르지 못한 여자를 뜻하는 표현이 되었다.

(J. Stenphen Lang, 교양인을 위한 바이블 키워드(들녘 2007), 붉은 옷의 여자)

말씀의 꽃 · 나만의 일독 큐티

말씀의 열매 · 기도 제목

12월

30

마지막 심판

일독 성경 요한계시록 20장 11-15절(요한계시록 19-20장 中)

말씀의 씨앗

씨앗말씀 · 오늘 내게 심어진 한 절 말씀

마지막 때에 하늘과 땅이 피하여 간 데가 없어집니다. 새것이 오면 헌것은 치웁니다. 시간이 흐르면 찾기도 어렵습니다. 육신의 만족이 아닌 새로운 하늘과 새로운 땅을 예비하셨음을 알려 주십니다. 새것을 사려면 대가를 지급해야 합니다.
새 하늘과 새 땅에 들어가려면 우리가 해야 할 것이 있습니다.

바로 생명책에 기록된 나의 이름이 자격입니다. 본문에는 책들이라고 말씀하십니다. 우리의 온 인생이 적혀 있는 책들입니다. 사람들이 다시 부활하여 하나님 앞에서 아무 말 하지 못하는 것은 인생의 모든 순간이 다 기록된 책이 하나님 앞에 있기 때문입니다. 모든 인생이 다시 살아나 자기 행위대로 심판을 받습니다. 예수님의 이름을 믿는 자는 비록 죄가 있으나 하나님이 용서해 주십니다. 그 증거가 생명책에 기록되는 것입니다. 생명책에 기록되지 못한 사람은 불못에 던져집니다.
잠을 자지도 못하고 죽지도 못하는 영원한 고통입니다. 육신의 죽음은 다시 깨어나는 잠과 같지만, 하나님의 심판은 영원히 바꿀 수 없습니다. 이를 둘째 사망이라고 합니다. 진짜 죽음은 심판입니다.

예수님의 십자가의 능력은 이 모든 것을 다시 가능하게 하신 놀라운 능력입니다.
우리를 살리시고 영원한 나라와 영원한 생명을 허락해 주셨습니다. 하나님이 늘 기억하신다는 것을 생각하고 신실하게 살아가는 삶이 되기를 소망합니다.

말씀의 가지

요한계시록의 기록 장소와 시기

요한계시록의 기록시기에 대해서는 글라우디오 황제(A.D. 41–54년경) 당시, 네로 박해 당시(A.D. 64년경), 네로 박해 직후 등의 견해가 있다. 그러나 전통적으로 본 서신은 기독교 박해가 로마를 넘어 제국 전역으로 확대되었던 도미티아누스(A.D. 81–96년경) 황제 때 기록된 것으로 보인다(A.D. 95–96년경). 그는 네로 황제 못지 않게 기독교에 대해 혹독하게 박해를 가하였으며, 자신을 '주와 신(Dominus et Deus)'으로 호칭하게 했다. 이때 에베소에서 목회하던 사도 요한 역시 당시 정치범 수용소로 악명 높던 밧모섬으로 유배가서 광산(혹은 채석장)에서 약 18개월 동안 강제 노동을 한 것으로 보인다(Eusebius). 본 서신은 밧모 섬에서 기록되었든지(계 1:9–11) 아니면 유배가 끝나고 다시 에베소로 돌아와서 기록되었을 것으로 보인다.

(네이버 백과사전 http://terms.naver.com, 요한계시록의 기록 장소와 시기)

말씀의 꽃 · 나만의 일독 큐티

말씀의 열매 · 기도 제목

12월
31

오직 하나님께 경배하라

일독 성경 요한계시록 22장 7-17절(요한계시록 21-22장 中)

말씀의 씨앗

씨앗말씀 · 오늘 내게 심어진 한 절 말씀

예수님께서 속히 오시리라 약속하셨습니다. 사람이 죽기 전에 오시는 것이 맞습니다. 비록 육신의 몸은 죽은 것처럼 보이나 결국 다시 깨어납니다. 심판대 앞에 서 있는 내게 대언해 주시고 만나 주시는 예수님을 믿는다면 속히 오신다는 말씀은 믿음으로 받아들일 수 있습니다.

사도 요한이 두려움과 떨림으로 이것을 보여 준 천사에게 경배하려 합니다.

그때 천사가 이야기합니다. 오직 하나님께만 경배하라. 우리는 사람을 의지하고 사람을 높일 때가 있습니다. 그러나 끊임없이 알게 되는 것은 사람은 할 수 없으나 하나님은 하신다는 것입니다. 오직 하나님만이 경배받으시기에 합당한 분이십니다.

이제는 말씀을 인봉하지 말고 열어 놓으라고 하십니다. 이제는 말씀을 선포할 때입니다. 증거할 때입니다. 믿고 나아갈 때입니다. 죽어가는 영혼들을 위하여 전하고 기도해야 합니다. 거룩한 자가 더 거룩함을 힘입어 세워지고 사명을 감당할 때입니다. 예수님은 처음과 나중이십니다. 우리의 시작도 끝도 모두 예수님 안에 있을 때에 완전함과 거룩함을 증거하게 됩니다. 시작은 '예수님'으로 시작하여 끝은 '내가'로 마치는 경우가 많습니다. 그러나 오직 우리의 찬양은 하나님 안에 있습니다. 이제 예수님의 이름으로 말미암아 값없이 받은 가장 귀한 생명수를 마시고 세상을 넉넉히 이기며 거룩한 성도의 삶을 살아가기를 소망합니다.

오직 하나님만이 높임을 받으시옵소서. 아멘.

말씀의 가지

사도 요한은 요한계시록에서 '하나님의 어린양'이라는 말을 스물아홉 번 사용했다. 여기서 하나님의 어린양께서 하늘을 정복한 승리자로 드러나신 것을 볼 수 있다. 우리의 희생양이 승리하신 어린양이 되셨다. 하나님의 어린양이 이기셨기 때문에 우리는 주저함 없이 그분을 따른다. 요한계시록에서는 다른 어떤 설명보다 예수님께서 하늘에 계신 하나님의 어린양으로 드러난다. 죽임 당한 어린양으로 영원히 알려지고 경배를 받으시는 예수님은 영원토록 영광을 받으시고 다스리신다. 사도 요한은 헤아릴 수 없이 많은 성도들과 천사들이 하나님의 어린양께 큰 음성으로 울려퍼지는 찬양을 드리는 것을 묘사하고 있다. 어린양을 따르자!

(스캇 브레너, 레볼루션(헤럴드Books 2012), p.124)

말씀의 꽃 · 나만의 일독 큐티

말씀의 열매 · 기도 제목

주일 설교 노트

날짜 . . .

주일 설교 노트

날짜 . . .

주일 설교 노트

날짜 . . .

주일 설교 노트

날짜 . . .

JUM 성경읽기표와 함께 하는

일독큐티

“1난 [illegible] 성경을 1을 함께”

JUM 성경읽기표

1월-6월

날짜	1월 [사랑]	2월 [순종]	3월 [예배]	4월 [헌신]	5월 [가족]	6월 [지혜]
	창, 출	레, 민, 신	수, 사, 룻, 삼상·하	왕상·하, 대상·하	스, 느, 에, 욥, 시1권	시2권~5권, 잠
1	창 1-3 ☐	레 1-4 ☐	수 1-4 ☐	왕상 1-4 ☐	스 1-5 ☐	시 42-46 ☐
2	창 4-6 ☐	레 5-8 ☐	수 5-8 ☐	왕상 5-8 ☐	스 6-10 ☐	시 47-51 ☐
3	창 7-9 ☐	레 9-12 ☐	수 9-12 ☐	왕상 9-12 ☐	느 1-4 ☐	시 52-56 ☐
4	창 10-12 ☐	레 13-15 ☐	수 13-16 ☐	왕상 13-16 ☐	느 5-7 ☐	시 57-61 ☐
5	창 13-15 ☐	레 16-19 ☐	수 17-20 ☐	왕상 17-19 ☐	느 8-10 ☐	시 62-66 ☐
6	창 16-18 ☐	레 20-23 ☐	수 21-24 ☐	왕상 20-22 ☐	느 11-13 ☐	시 67-72 ☐
7	창 19-21 ☐	레 24-27 ☐	삿 1-4 ☐	왕하 1-3 ☐	에 1-5 ☐	시 73-77 ☐
8	창 22-24 ☐	민 1-4 ☐	삿 5-8 ☐	왕하 4-7 ☐	에 6-10 ☐	시 78-80 ☐
9	창 25-27 ☐	민 5-8 ☐	삿 9-12 ☐	왕하 8-10 ☐	욥 1-3 ☐	시 81-85 ☐
10	창 28-30 ☐	민 9-12 ☐	삿 13-16 ☐	왕하 11-14 ☐	욥 4-7 ☐	시 86-89 ☐
11	창 31-33 ☐	민 13-16 ☐	삿 17-19 ☐	왕하 15-18 ☐	욥 8-10 ☐	시 90-94 ☐
12	창 34-36 ☐	민 17-20 ☐	삿 20-21 ☐	왕하 19-22 ☐	욥 11-14 ☐	시 95-99 ☐
13	창 37-39 ☐	민 21-24 ☐	룻 1-4 ☐	왕하 23-25 ☐	욥 15-17 ☐	시 100-103 ☐
14	창 40-42 ☐	민 25-28 ☐	삼상 1-4 ☐	대상 1-4 ☐	욥 18-21 ☐	시 104-106 ☐
15	창 43-45 ☐	민 29-32 ☐	삼상 5-8 ☐	대상 5-8 ☐	욥 22-24 ☐	시 107-112 ☐
16	창 46-48 ☐	민 33-36 ☐	삼상 9-12 ☐	대상 9-12 ☐	욥 25-28 ☐	시 113-118 ☐
17	창 49-50 ☐	신 1-3 ☐	삼상 13-16 ☐	대상 13-16 ☐	욥 29-32 ☐	시 119 ☐
18	출 1-3 ☐	신 4-6 ☐	삼상 17-19 ☐	대상 17-20 ☐	욥 33-37 ☐	시 120-129 ☐
19	출 4-6 ☐	신 7-9 ☐	삼상 20-22 ☐	대상 21-24 ☐	욥 38-42 ☐	시 130-137 ☐
20	출 7-8 ☐	신 10-12 ☐	삼상 23-25 ☐	대상 25-29 ☐	시 1-4 ☐	시 138-143 ☐
21	출 9-10 ☐	신 13-15 ☐	삼상 26-28 ☐	대하 1-4 ☐	시 5-7 ☐	시 144-150 ☐
22	출 11-13 ☐	신 16-18 ☐	삼상 29-31 ☐	대하 5-8 ☐	시 8-10 ☐	잠 1-4 ☐
23	출 14-16 ☐	신 19-21 ☐	삼하 1-2 ☐	대하 9-12 ☐	시 11-14 ☐	잠 5-8 ☐
24	출 17-19 ☐	신 22-24 ☐	삼하 3-4 ☐	대하 13-16 ☐	시 15-18 ☐	잠 9-12 ☐
25	출 20-22 ☐	신 25-27 ☐	삼하 5-8 ☐	대하 17-20 ☐	시 19-23 ☐	잠 13-16 ☐
26	출 23-25 ☐	신 28-30 ☐	삼하 9-12 ☐	대하 21-24 ☐	시 24-27 ☐	잠 17-20 ☐
27	출 26-28 ☐	신 31-32 ☐	삼하 13-15 ☐	대하 25-28 ☐	시 28-31 ☐	잠 21-24 ☐
28	출 29-31 ☐	신 33-34 ☐	삼하 16-18 ☐	대하 29-32 ☐	시 32-35 ☐	잠 25-27 ☐
29	출 32-34 ☐	개인묵상 ☐	삼하 19-20 ☐	대하 33-34 ☐	시 36-37 ☐	잠 28-29 ☐
30	출 35-37 ☐		삼하 21-22 ☐	대하 35-36 ☐	시 38-39 ☐	잠 30-31 ☐
31	출 38-40 ☐		삼하 23-24 ☐		시 40-41 ☐	

믿음을 지키고 [illegible] 방법이 없습니다.
말씀을 읽고 믿음에 서 있는 성도들이 신앙[illegible] 교회를 지키고 가정을 지킵니다.
큐티와 함께 JUM 성경읽기표대로 꾸준히 읽으면 성경을 일 년에 일독할 수 있습니다.

"지금까지 큐티와 성경일독을 따로했다면 이제부터 큐티와 성경일독을 함께 하세요"

7월–12월

날짜	7월 [은혜]	8월 [선교]	9월 [회복]	10월 [성숙]	11월 [축복]	12월 [약속]
	전, 아, 사	렘, 애, 겔	단, 호, 욜, 암, 옵, 욘, 미, 나, 합, 습, 학, 슥, 말	마, 막, 눅, 요	행, 롬, 고전·후, 갈, 엡, 빌, 골	살전·후, 딤전·후, 딛, 몬, 히, 약, 벧전·후, 요1–3, 유, 계
1	전 1–3 ☐	렘 1–3 ☐	단 1–3 ☐	마 1–3 ☐	행 1–3 ☐	살전 1–2 ☐
2	전 4–6 ☐	렘 4–6 ☐	단 4–6 ☐	마 4–5 ☐	행 4–6 ☐	살전 3–5 ☐
3	전 7–9 ☐	렘 7–9 ☐	단 7–9 ☐	마 6–7 ☐	행 7–9 ☐	살후 1–3 ☐
4	전 10–12 ☐	렘 10–13 ☐	단 10–12 ☐	마 8–10 ☐	행 10–12 ☐	딤전 1–3 ☐
5	아 1–3 ☐	렘 14–17 ☐	호 1–3 ☐	마 11–13 ☐	행 13–15 ☐	딤전 4–6 ☐
6	아 4–6 ☐	렘 18–21 ☐	호 4–6 ☐	마 14–17 ☐	행 16–18 ☐	딤후 1–4 ☐
7	아 7–8 ☐	렘 22–24 ☐	호 7–9 ☐	마 18–21 ☐	행 19–21 ☐	딛 1–3 ☐
8	사 1–3 ☐	렘 25–28 ☐	호 10–12 ☐	마 22–24 ☐	행 22–23 ☐	몬 1 ☐
9	사 4–6 ☐	렘 29–31 ☐	호 13–14 ☐	마 25–26 ☐	행 24–25 ☐	히 1–3 ☐
10	사 7–9 ☐	렘 32–34 ☐	욜 1–3 ☐	마 27–28 ☐	행 26–28 ☐	히 4–7 ☐
11	사 10–12 ☐	렘 35–37 ☐	암 1–3 ☐	막 1–3 ☐	롬 1–3 ☐	히 8–10 ☐
12	사 13–15 ☐	렘 38–41 ☐	암 4–6 ☐	막 4–6 ☐	롬 4–6 ☐	히 11–13 ☐
13	사 16–18 ☐	렘 42–45 ☐	암 7–9 ☐	막 7–9 ☐	롬 7–9 ☐	약 1–2 ☐
14	사 19–21 ☐	렘 46–48 ☐	옵 1 ☐	막 10–12 ☐	롬 10–13 ☐	약 3–5 ☐
15	사 22–24 ☐	렘 49–50 ☐	욘 1–4 ☐	막 13–16 ☐	롬 14–16 ☐	벧전 1–2 ☐
16	사 25–27 ☐	렘 51–52 ☐	미 1–4 ☐	눅 1–3 ☐	고전 1–4 ☐	벧전 3–5 ☐
17	사 28–29 ☐	애 1–5 ☐	미 5–7 ☐	눅 4–6 ☐	고전 5–7 ☐	벧후 1–3 ☐
18	사 30–32 ☐	겔 1–4 ☐	나 1–3 ☐	눅 7–9 ☐	고전 8–10 ☐	요1서 1–2 ☐
19	사 33–35 ☐	겔 5–8 ☐	합 1–3 ☐	눅 10–12 ☐	고전 11–13 ☐	요1서 3–5 ☐
20	사 36–38 ☐	겔 9–12 ☐	습 1–3 ☐	눅 13–15 ☐	고전 14–16 ☐	요2서 1 ☐
21	사 39–41 ☐	겔 13–16 ☐	학 1–2 ☐	눅 16–18 ☐	고후 1–4 ☐	요3서 1 ☐
22	사 42–43 ☐	겔 17–20 ☐	슥 1–2 ☐	눅 19–21 ☐	고후 5–7 ☐	유다서 1 ☐
23	사 44–46 ☐	겔 21–24 ☐	슥 3–4 ☐	눅 22–24 ☐	고후 8–10 ☐	계 1–3 ☐
24	사 47–49 ☐	겔 25–28 ☐	슥 5–6 ☐	요 1–3 ☐	고후 11–13 ☐	계 4–6 ☐
25	사 50–52 ☐	겔 29–32 ☐	슥 7–8 ☐	요 4–6 ☐	갈 1–3 ☐	계 7–9 ☐
26	사 53–55 ☐	겔 33–36 ☐	슥 9–10 ☐	요 7–9 ☐	갈 4–6 ☐	계 10–12 ☐
27	사 56–58 ☐	겔 37–39 ☐	슥 11–12 ☐	요 10–12 ☐	엡 1–3 ☐	계 13–14 ☐
28	사 59–60 ☐	겔 40–42 ☐	슥 13–14 ☐	요 13–15 ☐	엡 4–6 ☐	계 15–16 ☐
29	사 61–62 ☐	겔 43–44 ☐	말 1–2 ☐	요 16–17 ☐	빌 1–4 ☐	계 17–18 ☐
30	사 63–64 ☐	겔 45–46 ☐	말 3–4 ☐	요 18–19 ☐	골 1–4 ☐	계 19–20 ☐
31	사 65–66 ☐	겔 47–48 ☐		요 20–21 ☐		계 21–22 ☐